管理随笔

⑧

赵振元 著

新华出版社

图书在版编目（CIP）数据

管理随笔·八卷 / 赵振元著． -- 北京 ：新华出版社，2022.12
ISBN 978-7-5166-6620-3

Ⅰ．①管… Ⅱ．①赵… Ⅲ．①企业管理－文集 Ⅳ．① F272-53

中国版本图书馆CIP数据核字（2022）第 233916 号

目录
contents

序：曾勇 / 管理路上无止境 1

佳能珠海千人厂落幕 6

任何一次危机，都是新制度的完善 7

书籍，是智慧的光芒 9

仿佛回到学生时代 12

突破，要有战略聚焦 15

成都的脚步 18

最后一次敬礼 20

芯片制造业 22

战略的力量 23

书记，来到代表中间 24

拿什么奉献给你？ 26

闭环经历，也很留恋 28

新的动能来自哪里？ 30

格局决定一切 32

100道成都名菜 34

没有第二种选择 36

争取最好的结果 38

新年遐想 40

学会欣赏对手 42

超越，总在转折处
　　——祝贺中国队在冬奥获首金 43

体育崇尚的是一种精神
　　——祝贺女足成功逆转获得女足亚洲杯冠军 46

太阳之光，照耀着冰雪场
　　——祝贺谷爱凌勇夺自由式滑雪大跳台决赛冠军 52

改变，需要谷爱凌这样的人才 54

书写更加华丽的篇章 56

以变制胜 58

市场到底来自哪里？ 59

子亦拙进取，才高命坚顽 62

元宵节，成都夜色更美丽 64

新任务，新思路
　　——关于如何做好2022年的工作 66

实现新超越 69

关于《江南运河情》的创作 72
突破与坚持 73
产城同步，发展可期 75
在大国之间 77
文化，友谊与交流的桥梁 79
全球三大半导体企业 80
和平的重构 82
朝霞满天 84
面临考验 85
北约及其五次东扩 87
决心，是成功的一半 90
一切都是自己干出来的 92
应对美国金融制裁 93
减少对"苹果链"的依赖 95
经济战会演变成真正的战争 98
联合国说，气候危害"不可逆转" 100
俄乌结盟的三百年 102
苏联解体，俄乌渐行渐远30年 106
关键，要有自己的硬实力 109
又是一年龙抬头 111
400岁的莫里哀 113

桃花依旧笑春风 ... 115

今天，阳光灿烂 ... 117

天生我材必有用 ... 119

经典永流传 ... 121

破冰，总是如此艰难 ... 123

要以新的目标鼓舞人 ... 125

三个聚焦，推动新的增长 ... 127

台积电拉开与对手差距 ... 129

新产业的发展 ... 131

  市场的良性循环方式 ... 133

全球大硅片厂之间的收购 ... 135

服务，是一种更强的竞争力 ... 137

由点到面的突破 ... 139

乌克兰的世界遗产 ... 141

春光红色美 ... 144

捕捉最美那个瞬间 ... 146

人生，需要不断调整 ... 148

经济的不确定性正在显著增加 ... 150

必须立足于自己 ... 151

地球将在哪一天消失 ... 153

要学会算账 ... 155

又是一个艳阳天...157

最高的山在这里，最美的风景陪伴你...............160

坚持，就是胜利...163

努力做些事...165

多彩的油菜花...166

玉锦湾的三个朋友...168

估值的差距有多大？...170

换赛道，得果断些...172

摸着石头过河...174

马兰花开，此爱绵绵绝无期

——追忆尊敬的邓小岚老师.............................176

盲目行动是更大的风险.....................................181

增长放缓，再一次超越的新机遇.....................183

西方断供，俄电子产业"芯荒".......................185

市场，属于全体参与者.....................................187

如何实现逆增长...189

生活，是创作的唯一源泉.................................191

江南水暖鸭先知

——三月收官...193

二月春风似剪刀...196

史倩独唱音乐会...198

目标，成长的空间 200

经典歌曲的启示 202

深耕本地，是一项基本的战略 205

差在哪？ 207

等条件，还是创造条件？ 209

超越的机会 211

最困难的时候， 213

往往也是最接近胜利的时候 213

别打绣花拳 214

战天与斗地 216

谈歌曲的创作 218

亡羊补牢，犹未为晚 220

见缝插针 221

后记：赵振元 / 在实践中发展管理理论

——《管理随笔》5、6、7、8 出版后记 223

序

管理路上无止境

曾勇（电子科技大学校长）

　　读赵振元即将付梓的《管理随笔》五册至八册，让我想起亚里士多德说过的一句话："最终决定我们成为怎样一个人的，正是日复一日坚持的事情。然后你会发现，优秀不是一种行为，而是一种习惯。"这四卷作品，收录了他从2021年1月10日到2022年4月22日期间创作的管理随笔。这些随笔作品，既让我们反思一年多来发生的国际、国内大事，也让我们分享了他文学艺术创作的快乐与收获，以及他在企业高位发展中永不停歇的思考和时刻保持着的危机意识。正如他在后记《在实践中发展管理理论》中说的那样：

　　长期处在疫情压抑的背景下，要持续高位发展，每一步都面临严峻考验；在非常复杂的困难环境中坚持写作，对意志是个考量，不是一件容易的事，每一篇文章都是意志与心血的结晶。在高位发展，一半是海水，一半是火焰，海水随时会淹没你，火焰会随时吞并你，你来不得一丝的马虎，你必须要勇敢面对。高位发展就如同走钢丝一般，处在发展的风口浪尖上，充满挑战。

　　所有看似遥不可及的事，其实都是点滴的积累。"人寿几何，顽铁能炼成的精金，能有多少？但不同程度的锻炼，必有不同程度的成绩。"（杨绛）强者都是敢于也擅于立于潮头，与巨浪共舞之人，浪涛越激荡，他身体里的潜能就会被激发得越充分。赵振元是敢于也擅于搏击时代浪潮的勇敢者、强者，即使每一天都是"一半是海水，一半是火焰"，每一天都充满挑战。他坚定的信念、高远的眼界、宏大的格局、宽广的胸襟，使他始终能够从逆境中走出来，寻找到一条抵达成功的路径。

2022年，肆虐全球整整两年多的新冠肺炎疫情仍然没有消退迹象，俄乌战争的爆发，极端气候频发……外部环境更趋复杂严峻和不确定，经济下行的大环境，无论是对个人还是企业，都是不小的挑战。如何审时度势，变"危"为"机"，考验着每一个企业家。企业家个人的修养、底蕴、人格魅力、言行等，都会深刻影响和塑造他周围的核心团队。赵振元始终思考着、行动着、调整着，以适应这个充满巨变的时代。这部《管理随笔》就是他思考和行动的结果。

赵振元的随笔都是有感而发，长则两三千字，短则两三百字，形式不拘，十分自由。工作中的某个突发事件、冬奥会的某场比赛、社会的某个热点新闻，他都能总结、归纳出人生哲理、管理心得。他善于跳出常规思维模式去看待问题、思考问题，这其中的谋略和智慧，对企业管理有着极高的参考价值。企业家看得有多远，对未来行业业态形势的发展，以及产业链整体把握的程度，决定着企业的未来。

底线思维，是我们考虑一切问题的出发点。无论何时，无论何地，一切都要从最极端的情况出发，要有最坏的打算，作最全面的准备，这种底线思维永远是我们立于不败之地的基石。（《白银马

拉松赛事故令人痛心》）

　　管理学大师彼得·德鲁克在他的《管理实践》中指出："管理是一种实践，其本质不在于'知'而在于'行'，其验证不在于逻辑，而在于成果，其唯一权威就是成就。"最好的管理理论，来自于实践，来自于从现实操作层面提炼出的具有普遍意义的思维方法、做事方法。

　　管理无处不在，管理理念已经深入到赵振元工作生活的方方面面，一切都能与管理智慧融会贯通起来。他内心源流不竭的使命感和理想愿景，融会于字里行间。企业管理、文学创作和生活感悟叠加成就的这部《管理随笔》，说明赵振元已经将管理学上升到了艺术的高度。这些短小精悍、饱含管理智慧的随笔，既是管理实践的宝贵经验，更是人生智慧、哲学思维的反映。

　　管理路上无止境。随着"00后"逐渐走入职场，给企业管理者提出了不少新的课题。出生于千禧年代的年轻人，从小家庭富足，备受宠爱，他们行事洒脱，尚未经历社会的"毒打"，一言不合就炒老板。管理的对象变了，管理的方式方法也得随之变化。对于这代年轻人，管理者如何提升领导力，提高自己的管理艺术，就显得尤为重要。管理，说到底就是对人的管理，人是核心。最好的管理，应当是能够激发人的潜能，给人一个良好的成长空间，个体的力量汇聚成团队的力量，激励整个团队向着一个清晰的目标前进。

　　是为序！

2022.8.1

管理随笔 ⑧

佳能珠海千人厂落幕

2022年1月18日《每日经济新闻》报道（记者陈鹏丽、王帆、实习记者刘中凝、编辑杨夏），"1月12日。佳能珠海有限公司（以下简称佳能珠海）的一纸公告掀起轩然大波。这家千人大厂由于全球照相机市场急剧萎缩，叠加新冠肺炎疫情，宣布了终止生产的决定。"

1月14日，《每日经济新闻》记者走访佳能珠海工厂了解到，目前工厂处于放假状态，虽然员工已经知悉工厂要关闭，但大部分员工仍在原地等待遣散赔偿方案落地。同时，记者也获得了佳能（中国）方面关于此事的详细回应。佳能（中国）相关人士向记者透露，珠海工厂主要是生产小型数码相机，此次关闭部分生产线后，珠海工厂还有少许零部件生产线在运作。上述人士还告诉记者，在中国市场，佳能未来仍会单反和微单两手抓。

记者翻阅佳能近10年的财报了解到，2011年，以打印机为核心的办公业务就已经是公司业务支柱。到2020年，佳能将其业务重新调整归类，印刷业务占佳能年度总营业额的57.1%，影像业务占比仅有17.1%，医疗业务收入占比上升至13.8%。

2022年1月19日

任何一次危机，都是新制度的完善

我们在市场中不断收获着胜利的喜悦，也不断经历着一次次风险与危机的考验，而任何一次危机之后，必然会催生新制度的产生。

危机的来临，风险的突现，反映了我们在管理上的疏漏，反映了我们在制度上的缺陷，反映了我们的制度与管理跟不上快速发展的步伐，急需对管理制度进行修订。

危机的来临，风险的突现，不是偶然的。这是长时间的积累，是很多因素叠加的结果。在一些特定条件下，制度上的缺陷会放大，管理上的疏漏会造成严重恶果，这种偶发性因素与制度性缺陷的叠加，使事态迅速出现恶化，必须要有果断而有效的临机处理能力。

危机的来临，风险的突现，反映了我们控制能力的不足。规模的快速增长，会引起整个系统的不平衡，在放开的同时，必须注意关键环节的收紧，加强对项目的控制能力，加强对系统的安全能力，只有这样，才能确保前进的车轮不至颠簸，才能确保平稳发展。

假如我们从制度上完善了各个环节，重大危机发生的概率就会大大减少。因此要加快调整、补充、修改、完善管理制度，从根本上堵住制度的漏洞，有效降低发生危机的概率。

假如，我们在审查时排除了这些项目，巨大的风险就不会突然降临到我们身边。预防为主、过程审查为辅，应该成为我们的方针。加强审查，加强预防，加强事先的防范，是我们应对风险最好的办法。

管理变革，不是主观的臆想，是实践的产物，是发展的需要，是与时俱进的结果。管理变革，从实际需要出发，又适应并引领着发展，是推动发展的强大动力。

管理变革，赋予制度以新的生命力，指导着生动的实践活动，丰富着管理制度的内容，给发展注入蓬勃的生机，制度的改变是管理变革的重要内容。

2022 年 1 月 19 日

书籍，是智慧的光芒

尊敬的曾勇校长、杜丽馆长、马永开院长、李会勇部长、老师们、同学们：

上午好！

我今天来这里，与其说是捐赠图书，还不如说是给我的导师曾勇校长交作业，向我的母校汇报工作。今天与我随行的，很多都毕业于电子科技大学。

2002年至2005年，我在电子科大读管理学博士，曾勇校长是我的导师。在他的细心指导和培养下，我不仅学到了知识，也学到了许多做人、做事的道理，也成为电子科技大学一个光荣的管理学博士。

这么多年来，我始终牢记校训，践行"求实求真、大气大为"的成电精神。我从2000年7月开始担任信息产业电子第十一设计研究院院长，后又任董事长、党委书记至今，我与我的团队与时俱进、努力工作，把一个年产值不足6000万的设计院变成了现在主要服务于电子高科技与高端制造、生物医药与保健、市政与路桥、

这是作者在电子科技大学赠书仪式上的讲话。

物流与民用建筑、电力、综合业务等6大领域的国内大型综合甲级设计院，目前是中国最大的集成电路工程设计院、中国最大的新能源工程设计院，同时还是著名的生物工程设计院。继2018年成功迈入百亿俱乐部后，在2021年再迈上历史性的新台阶，成功突破200亿元营收大关。

工作之余，我除了钻研学术之外，也喜欢写诗作词，迄今，我出版了科技专著5部、管理文集5部、文学作品集10多部，创作了50多首歌词，部分歌曲已在中央电视台热播。曾校长在百忙之中为我的四卷本《管理随笔》作序，精彩的序言受到读者的高度关注与好评，这对我是极大的鼓励和鞭策，这些随笔是管理工作的总结，也是日常生活的感悟；这些成果是对母校教育的汇报，也是作为曾校长当选国际欧亚科学院院士的一份礼物，我准备将《管理随笔》继续写下去，目前《管理随笔》5、6的初稿已经完成，只要我继续在岗停留一天，对管理的思考就不会停止，写作也会继续，我在自己的实践中深切地体会到："当一个人把自己的事业融入到党的崇高事业中去，就会有广阔的发展空间，就会有无尽的创作活力；当一个人能把学到的管理知识创造性地运用到实践中去，就会结出丰硕的管理成果，开出艳丽的花朵。"

博尔赫斯曾说过："如果有天堂，应该是图书馆的样子。"书籍是人类知识的载体，是开启智慧的钥匙。大学图书馆是学子遨游的知识海洋，是一个铸就人的精神气、价值观、人格和灵魂的地方。春风育桃李，秋果谢恩情。今天，我向母校图书馆和经济管理学院捐赠图书，为母校的图书馆添砖加瓦，是我的荣幸，也是我所能想到的回报母校的最好方式之一，我在管理方面取得的一些成绩，都是母校的培养、导师的教导，离开了这些，则一事无成。

感谢曾校长和大家在百忙之中出席赠书仪式！

祝母校人才济济，桃李满天下！

祝曾校长和大家春节快乐，阖家幸福！

2022年1月20日

仿佛回到学生时代

今天上午,我的管理著作《管理随笔》(1、2、3、4)的赠送仪式,在电子科技大学进行,我把图书中《管理随笔》(1、2、3、4)与《人在旅途》(上、下)赠送给电子科大图书馆,而一部分《管理随笔》(3、4)赠送给电子科大经管学院。

我的博导、电子科大校长曾勇老师、电子科大经管学院院长马永开、副院长李平、电子科大图书馆馆长杜丽、电子科大合作发展部长李会勇、校办副主任王军等在百忙之中出席了这个仪式,出席仪式的还有经管学院的部分学生。

除我与小平外,我院出席的有毅勃、姚伟、王萌、陈巍、童洁、曾高平、满庆文,《散文诗世界》密月主编也出席了这一仪式。小平当年支持我读曾校长的博士生,现在她又支持远远读马院长的博士生,电子科大与我们家庭、对十一科技特别有缘。

仪式上,曾校长发表了热情洋溢的讲话,对我在管理方面取得的成绩给予了高度评价,对十一科技的发展给予了充分肯定,对我赠书的义举充分肯定。我在讲话中,衷心感谢母校的培养、感恩曾勇导师的教诲、感谢电子科大对十一科技人才的大力支持,大家都踊跃地发了言,对推动与深化双方的合作提出了很多建设性的意见,仪式与会谈的气氛很浓、很亲切,真有回家的感觉。

在合影后，曾校长亲自陪同我们参观风景如画的新校园，电子科大的清水河新校区以现代的设计手法、园林式的风格、绿色的理念、东西两湖的布局，成为全国高校的佼佼者，与沙河老校区相比，真是天翻地覆，面貌一新，印象深刻，难以忘怀。

然后，更难忘的还是电子科大的图书馆。曾校长亲自陪同我们参观清水河校区新图书馆，杜丽馆长如数珍宝地向我们介绍了电子科大图书馆（清水河校区），图书馆的参观给我们的印象深刻而难忘。5万多平方米的图书馆，240多万册的藏书，5层庭院式的宏伟设计，6000多个座位、数字化、开放式、个性化的风格，方便、快捷、安全、自主式的服务，让我们大开眼界，电子科大图书馆正是按照曾校长当年分管图书馆时提出的正确定位"经典育人的场所，高尚学问的殿堂。思想文化的空间，学术支撑的平台"成为高校超一流的图书馆，而夜晚的图书馆宛如银河系一颗璀璨的星星，闪闪发光。

在图书馆参观时，我不时停下脚步，翻阅着新书与杂志，也不时驻足停留，向曾校长与杜丽馆长请教问题，图书馆的一切都给我留下了深刻的印象。在参观中，我惊喜地发现：当年我与银路老师合著的一本由科学出版社出版的《股权期权激励》的书在图书馆的书架上。

在图书馆参观时，最多的还是回想当年在西安交大读书期间每晚都在交大图书馆度过的难忘夜晚，而到了读博与工作期间，再进入图书馆的时间少之又少，往往把家、办公室作为图书馆，想办法从书店与书摊把喜欢的书买回来，作为永久收藏，而手机则成为我阅读、创作与记录一切美好的唯一工具。

珍惜吧，一切有如此良好条件的学子们，现代化的责任落在你们身上，在"卡脖子"项目上翻身的希望落在你们身上，你们任重而道远，我们唯一能做的——就是为你们摇旗呐喊！

努力吧，莘莘学子，新的时代，新的气象，伟大的祖国日新月异，"十四五"规划了宏伟蓝图，我们一定要抓住机会，奋力追赶，继承一切优良传统，争取更大光荣。

2022 年 1 月 20 日

突破，要有战略聚焦

在关键技术、关键领域的突破，一定要有战略聚焦，要有战略引领，要有资源的高度集中，要有人才的高度集中，要有一定的时间周期，否则很难取得突破。

这是因为现在的差距已经形成，而且越来越大，如果追赶者没有加速度，差距就会无法缩小，最后可能永远无法超越。

在关键领域，我们努力，对手也在努力，而且对手已经有先发领先的优势，他们会千方百计扩大优势，让你无法超越，如果我们努力的加速度不够，差距只有继续扩大。

以目前一盘散沙式的发展、一切都是市场化、资本化的思维、短视式的发展，没有希望追赶上。市场资本，是逐利的、短视的，这是由市场资本的性质所决定的；而国家资本要体现的是国家的战略，要体现的是国家意志，要体现的是国家利益，要保护的是国家安全，不能以逐利为目标，不能为短期利益所动摇，而是要站到国家利益的高度，不惜一切代价，沉下心去，坚持十年或更长，力求突破。

关键技术、关键领域的突破，是一个系统性的工程，涉及方方面面，需要沉下心来，需要长时期研发，需要集中全国力量攻关，急是不行的，追逐短利更会葬送掉追赶的机会。

改变这一情况，必须动用国家战略基金。国家基金服从国家战略，不为利所动，整合全国资源，埋头10年，是一定能突破的。当年"两弹一星"就是在经济还很困难时动用全国各方面的资源、人才与力量完成的，当年在全世界引起强烈反响，现在我们的实力要强大得多，如果在国家的统一安排下，组织各方力量，埋头苦干，矢志不渝，聚焦关键领域，就一定能在关键技术领域里实现突破，少则5年，多则10年，或者再长一些，我们在关键领域受制于人的状况一定能改变。

战略聚焦，是实现这一梦想的关键。必须不被短视的资本力量所左右。资本是逐利的，而国家战略是至高无上的，是以国家利益为重的，如果在关键技术领域长期受制于人，这将是对国家社会主义制度的严重威胁，是对人民幸福的严重挑战。我们不能让资本左右我们的国家战略，不能让资本危及到民族的生存，不能让资本左右我们的未来，而应当集中全国所有的资源与力量，寻求在关键领域的突破。

战略聚焦，是缩短差距的关键。在集成电路领域，我们与韩国三星、台积电公司相比，约相差3~4代；与英特尔相比，相差2代。受制于美国对中国进口半导体先进工艺设备进口的限制，我们现在量产的技术水平停留在28纳米，而三星与台积电已经进入了5纳米，这样就差了3代（中间隔了14纳米、7纳米两代），但三星已首发3纳米芯片，台积电在2022年下半年3纳米芯片也将进入量产，2022年，三星与台积电都会在3纳米量产上有重大突破，而我们还可能会停留在28纳米，这样就差了4代，差距将进一步扩大。英特尔能生产技术水平7纳米的芯片，领先我们至少两代，而且英特尔追赶台积电、三星的步伐正在加快。没有战略的力量，难以将差距缩小，难以获得重大突破。

2022 年 1 月 22 日

成都的脚步

凤朝市长在成都第十七届第六次会议上所作的《政府工作报告》中，列举了大量的数据，深刻阐述了成都这一年来的变化，反映了成都不停地前行的脚步，我择其要点，与大家分享这份成绩单：

成都的GDP2021年达1.99万亿，增长8.6%；常住人口超过2000万，跻身超大城市行列；天府国际机场投运，成为全国第三个拥有双国际机场的城市。本土世界500强企业实现零的突破，在蓉世界500强企业增至312家。双流国际机场旅客吞吐量居全国第2位。国际班列开行4250列，成都始发的中欧班列新增连接10个境外城市，组货基地布局全省15个市（州）。

成都外贸外资稳健增长：一般贸易增长43.8%，跨境电商交易规模增长57.2%，实现外贸进出口总额8222亿、增长14.8%。

成都新增绿色项目2888个，大熊猫国家公园正式设立，大熊猫繁育研究基地扩建开园，环城生态公园全线贯通，新建各级绿道780公里，新增立体绿化23.8万平方米，龙泉山增绿增景1.6万亩，全市森林覆盖率提升至40.3%。"三城三都"加快建设。第三十一届世界大学生夏季运动会筹备工作有序推进，49处场馆和13个配套交通设施项目全面完工，大运村正式揭牌。

成都去年全年接待游客 2.05 亿人次、旅游总收入 3085 亿元。第十八届中国西部国际博览会、第十三届中国音乐金钟奖、第十八届成都国际美食节等 955 场重大展会活动在蓉举办，成功申办世界科幻大会。

2022 年，成都的 GDP 增长目标是 7%。风朝市长说，成都的"先进制造业发展能级还不强，龙头企业相对较少；原始创新不多，科技创新对经济增长的贡献率还不够高"。王凤朝市长提出，面对需求收缩、供给冲击、预期转弱三重压力，要主动作为，以自身发展的确定性应对外部环境的不确定性，力争落地建设亿元级重大产业项目 500 个以上、50 亿级重大产业项目 100 个以上。王凤朝市长说，推动电池、电机、电控设计生产协同配套，提升光伏产业辐射力，建设光伏高端能源装备引领区，推动氢能"制储输用"全产业链发展，打造中国"绿氢之都"。加快城市管道老化更新改造，开展地下管网专项行动，推行井盖"电子名片"。切实加强免疫接种工作，努力以最小的社会成本获取最大防控成效。严控"三公"经费和一般性支出，把有限的资金更多地用在惠企利民上。王凤朝市长的报告，受到全场代表长时间的热烈掌声。

从成都的发展看，城市充满活力，市民幸福感强，是个绿色宜居宜业宜游城市，是个森林城市，也是个充满创意的城市。成都在高端制造业方面还需集中资源，加快发力，让人们对成都的美好明天充满向往。

2022 年 1 月 23 日
速写于成都市十七届人代会第六次会议

最后一次敬礼

今天上午，成都市第十七届人民代表大会第六次会议在锦江大礼堂正式开始了。从 2003 年开始当选第十四届人大代表至今，已经一再破例，连续当了四届人大代表了。连续当四届人大代表的，少之又少。

没有任何遗憾。四届人大代表的任期，整整 20 年了，每届 5 年。20 年来，一直与这座城市一起同呼吸、共命运，一直与这座城市一起共发展。成都的 GDP 从 2003 年的 1770 亿，到 2021 年的 1.99 万亿，增长了 10 倍多。我见证了成都的沧桑巨变，见证了这座城市的快速发展，同时也为这座城市的产业发展做出了应有的贡献，得到了一系列嘉奖。

没有任何遗憾。新老交替，是不可抗拒的历史规律，是人类生生不息的自然规律，任何人都无法抗拒，只要没有虚度，就没有遗憾，只要真心履职担当，就问心无愧。

没有任何遗憾。在 20 年的巨变中，一直与伟大的时代同进，带领十一科技奋勇前进，不断登上新的高峰，十一科技的主要指标已经多年名列省市设计院之首，而且前行速度在不断加快，成为业内一面光荣的旗帜。如今，十一科技是成华区最大的总部企业，我们为成都与成华的经济发展做出了重要贡献。

没有任何遗憾。20 年来，一直在为成都的产业发展做出努力，不记名利，不为人事而变，一系列重大项目上都刻上十一科技的光荣名字，而我个人的努力，同样写进了历史，载入了这座城市的光荣史册。如今，这个努力还在继续，不会因为卸任人大代表而有所改变。

没有任何遗憾。20 年来，潮起潮落，花开花落，大浪淘沙，历史风云变幻，见证了众多曾经风云人物的历史沉浮，而我们始终保持一股清醒，始终不为发展的大浪所吞没，不为人事变动而改变初心，始终忠诚党的事业，始终忠诚这座城市。无论任何风雨，都难改变对党的忠诚；无论任何风浪，都难改变对这座城市的忠诚护卫。

没有任何遗憾。花开总有时，花谢无声息。一代又一代，承前启后，承先启后，继往开来，不断发展，推动历史车轮滚滚向前，让这座城市更美，让我们的生活更好，我们一切的努力都变成了美好，一切的梦想都变成了现实，我们还有什么遗憾呢？

最后一次敬礼。在刚刚接受的多家新闻媒体的采访中，我表达了对成都 20 年巨变的祝贺，表达了对成都加快高端制造业与芯片制造的建议，表达了对成都城市更新改造的建议，表达了我对今年在成都召开第三十一届世界大学生夏季运动会的美好祝愿与期待，表达了我作为人大代表为这座城市提出的最后建议。

最后一个敬礼，致敬这座城市。老兵新传，在新的赛道上，将继续奔跑，将继续努力，以一种新的方式延续自己的梦想，延续生命的意义，延续对这座城市的忠诚。

2022 年 1 月 23 日

芯片制造业

　　制造业的振兴是产业发展的基础，尤其是高端制造业，更应该成为成都产业发展的重中之重。

　　芯片制造业，是产业发展重点。从2002到2003年，成都曾经因引进中芯国际而在国内城市中占得先机。现在在8～12英寸芯片制造方面，上海、北京、无锡、武汉、合肥、大连、广州、深圳、重庆等都处在领跑的地位。

　　芯片制造业，是国家的战略。目前，我国集成电路的技术约在28纳米的工艺水平，与三星、台积电的3～5纳米相比，约差3～4代，与英特尔相比，约差2～3代。如果不把芯片制造业列为国家战略的核心，那么我们与三星、台积电的差距会越来越大，我们会被紧紧地"卡脖子"，会陷入极大的被动，国家与民族的安危会受到影响，国家的现代化进程也会受到影响，这绝不是小事。

　　芯片制造业，是高端制造的核心，芯片是科技与工业的心脏。芯片制造业，对整个产业链有巨大的带动力，一条12英寸芯片生产线能带动其相关的产业链的投资，投资额对于一座城市的影响力巨大，难以准确估量，会超过自身。一条量产（4万片／月）的12英寸芯片生产线，其投资一般在200亿～300亿或更高，上市后，其市值一般会轻松登上千亿大关，因此全力推动芯片制造业意义重大。

2022年1月23日

战略的力量

战略的力量，在于指引方向。战略可以确定方向，也可以改变方向。决定方向，是战略的首要任务，而方向则关系到国家、城市与企业的命运及前途。要根据实际情况的需要，经常调整战略，调整发展方向，不能犯方向性的错误。方向，决定着路线，正确的方向就会有正确的路线，而正确的路线保证着正确的方向。

战略的力量，在于聚焦目标。目标一旦确立，便实现了战略聚焦，目标就明确了。一些重大目标的实现，必须要实现战略的聚焦，没有战略的力量，是不可能集中目标的，也是不可能取得突破的。

战略的力量，在于聚集力量。有了方向，有了目标，还需要集中力量，整合资源，这样就大大提高了成功的概率。以战略目标为核心，聚焦目标，聚集力量，为战略突破扫平道路。

战略的力量，在于不断变革。通过战略变革，赋予战略以新的生命力，让战略更好地适应变化、适应新的情况。世上的一切，都在变化，作为指引我们实现目标的战略不可能一成不变，我们要在战略变革中获得新的生命力，在战略变革中越来越强大。

2022年1月23日

管｜理｜随｜笔 ❽

书记，来到代表中间

昨天上午，成都市委施小琳书记在百忙之中出席成都市第十七届人代会第六次会议成华团的讨论，给成华团带来一股亲切的风，如同冬日的暖流，让人深感温暖。这是成华团最近5年来未曾有过的事。因此，成华区代表对小琳书记的到来，倍感亲切，成华区也因此备受鼓舞，赵春淦书记与代表们的发言，充分表达了大家的心愿。

书记的到来，是对成华区发展的肯定。2021年，成华区的GDP实现了1273亿，增速为9.9%，增速在成都五城区中名列第一，经济总量首超锦江区，列成都五城区之四，成华区的发展速度成为成都的一个榜样。小琳书记到成都后，多次到成华视察，给予多方面的指导，小琳书记到成华团来是意料之外、又是情理之中，是充满战略高度的。

书记的到来，是一种新风的体现。小琳书记带来了市委、市政府的亲切关怀，体现了小琳书记一种新的工作风格，让人耳目一新。从小琳书记来到成华团参加讨论，到仔细听取代表意见，到与代表们亲切互动，无不——体现了新任书记的新风格，这种风格消除了领导与群众之间的距离，体现了党的领导与人大代表之间的鱼水之情，让人深刻难忘。小琳书记对成都发展所具有的战略高度、对民生的深切关注、对城市建设的独特眼光，充分体现了她的政治眼光与战略高度。

其实，不只是成华团，其他团，领导也都应到。一年一度的人代会，是代表们相聚一堂、共商大计的极好时光，是四大班子听取民意、集中代表意见的最好机会，领导们分头下去，多与代表们互动，会产生推动城市发展的新动力、新思想、新火花，也是党保持与人民群众血肉联系的最好渠道，应当充分珍惜这一难得机会。

"关怀无空白，指导无死角"，这应该成为我们工作的一个指导方针，成为我们工作的一个原则，这样才能把党的大政方针落实到每个地区与部门，这样才能让党的光辉照亮每一个角落，这样才能让百姓真正体会到党如太阳般的温暖。

2022 年 1 月 25 日

拿什么奉献给你？

前两天，我与院办主任陈巍同志谈话时，他提醒我，今年7月6日是十一科技成功改制20周年的纪念日，我突然想起来这个难忘的日子了。2002年7月6日是信息产业电子第十一设计研究院有限公司（后改为十一科技）在成都正式挂牌成立的日子，那一天杨总与省市领导都出席了，仪式很隆重。再过几个月，就到2022年7月6日了，一晃就是改制20周年了，这几天人代会闭环开会，正好有些时间，我在思考如何庆祝这个日子，拿什么向这个不平凡的日子献礼。

拿什么奉献给你，十一科技？改制20年的庆祝应该是新式的、节俭的，但也应该是隆重的、里程碑式的。因为在改制16周年时，已经与国家改革开放40周年一起热烈、隆重地进行了庆祝，只过去四年，而且还在疫情期间，不会再大规模庆祝，庆祝活动原则上只在内部。说是隆重，因为20年是一个标志性的时间周期，系统地总结改制的经验、长远地规划未来，对十一科技的未来发展及对后人启示，意义重大。同时，20年改制的庆祝，对全院文化实力是一次检阅与展示的机会，同时对十一科技在国内影响力的进一步扩大，又是一次难得机会，应当把握住。

拿什么奉献给你，十一科技？20年来，在改制的推动下，十一科技从弱变强，从小到大，以后进行的重组，更使十一科技如虎添翼，插上腾飞的翅膀。20 年来，十一科技以改制为基础、以重组为机会、以改革为动力、以战略为指引，在股东的支持下、在客户的信任下、在团队的努力下，成功地把握了产业转型与发展的一个个难得的历史性机会，终于成就今天强大的十一科技。十一科技自 2018 年成功迈上百亿俱乐部后，2021 年再迈上新台阶，营收突破 200 亿，今年将争取继续较快增长。

　　拿什么奉献给你，十一科技？最好的庆祝就是走得更快，最好的奉献就是变得更强。在新一年里，更好地实现"电子更强，新能源更快"的战略目标，在新的一年里飞得更高，一路飞奔，让十一科技的品牌影响力更强，让干部员工的幸福感更强，让改制的成果更加丰硕。

　　拿什么奉献给你，十一科技？坚持"双轮驱动，虎跃龙腾再攀新高；双座生辉，梦入银河香飘天外"。坚持一系列正确的战略，坚持年初在南京确定的方向，按照在茅山按下的快车键，勇敢出发。

　　拿什么奉献给你，十一科技？今年，全党、全国人民将迎来党的二十大的胜利召开，这是全党、全国人民最大的事，十一科技改制 20 年的总结，要在喜迎党二十大召开的胜利旗帜下进行，作为庆祝活动中不可分割的一部分。因此，改革的精神，红色的基因，是这次庆祝改制 20 周年活动的主基调。

　　我们将在总结中思考，在思考中提高，在提高中更快前进。

2022 年 1 月 25 日

闭环经历，也很留恋

在成都十七届六次人代会期间，我在锦江宾馆闭环管理已经3晚4天了，今晚是最后一个晚上，明天下午大会就要闭幕了，那时，4晚5天的闭环生活就要结束了。来的时候，不想来，走的时候，又有些留恋，习惯了这种闭环的生活，不想改变了，对锦江宾馆的一切由生疏变得熟悉，对这里的一切都有一种不舍之情。

闭环，最大的好处在于时间的充足。闭环期间，对外没有应酬，晚上的宝贵时间属于你，没有人能打扰你，你可以自由地安排这个宝贵的时间，可以做很多事。就是在白天，时间也很充足，小组会上讨论的时间很多、很充裕，会议中有不少空隙时间可以用起来。

闭环，最大的好处在于可以静心做事。考虑问题，需要一定的环境，闭环期间，离开了工作岗位，环境很安静，虽然时有电话与微信，但比在岗位上好多了，很适合思考问题。静心与充足的时间，有利于集中做一些重要的事。疫情2年多来，已多次遇到成都人代会与无锡政协会，我在这些闭环会议期间，都做了些重要的事，或写文章、或校书稿、或赋诗篇、或作歌词等，不曾停止过，总是很有收获，一点也没有虚度。

闭环，生活变得有规律。根据会议的安排，起居的规律性大大增强，睡得香，吃得好，开会、讨论、锻炼、生活、电视、电话、工作、写作等，一点不耽误，一切都是那么从容，一切都是那么有规律，有规律的生活有利于健康。

闭环，随遇而安。闭环，是环境所致，也是上天的安排，人要随遇而安，只有心安下来，才能有所得、有所获。人的每一种经历都是财富，每一种经历都很宝贵，珍惜人生的每一种经历，珍惜人生的每一种安排，都会有满满的收获。

今晚是最后一个晚上，明天闭环生活也就结束了，20年的人大代表生涯也就结束了，以上文字是对这段闭环生活的怀念，也是20年人大代表生涯的句号。

短暂的安宁结束了，取而代之的是紧张的工作、快速的节奏、丰富的生活、火火的虎年春节、家人幸福的团聚，那又是另一种情景，我同样期待着。

2022年1月25日

管│理│随│笔 ❽

新的动能来自哪里？

新的动能来自新资源的注入。资本投入、资源整合、并购、人才引进等要素的新注入，是新动能增加最主要的渠道。这些要素都有很强的带动作用，外部注入的新动能，往往是优质的新动能。

新的动能来自新的赛道。要在复杂的环境中取得发展，要在高位持续增长，必须不断开辟新的赛道。如果继续在原有的赛道上行驶，空间有限，道路受阻，提速困难，难以维持。新的动能来源于新赛道的持续开发。开发，是不能中断的，只有持续开发新赛道，才能保持新赛道的生命力。任何赛道，不会一蹴而就，必须要持续地开发，必须持续地发力，如果太容易开辟的赛道，很快就会变成旧赛道。

新的动能来自新的变革。政策的调整与变化，资源配置的重新调整，组织形式的改变等，都能产生新的动能。通过一系列新的变革，使政策更加有生命力，使生产组织形式更加适应市场，资源整合更加有效，市场的空白得到更加有效填补，在市场上的竞争力更强。

新的动能来自新的合作。通过新的合作，拓展新的市场空间，进入新的领域，开辟新的渠道。新的合作，还可以激活新的思路，改变原有的一些想法。朋友多了路好走，新朋友、新伙伴，带来了新的项目、新的领域、新的视野、新的活力，这些都能成为一种新的动能。

  新的动能来自有效的激励机制。对各类人才的有效激励，是新动能的最大源泉之一，只有充分发挥大家的积极性与创造性，才能获取最大的动力。这种激励包括物质激励与精神激励，这是提升团队积极性、激活创新活力极为重要的手段。要让各类人员都充满幸福感，要让大家都把企业作为自己的家。人的积极性一旦被激发，就会产生无穷的活力与创造力，就会极大地提高市场的竞争力，这种力量是无敌的。除了物质激励外，文化力的影响是巨大的，要及时地兑现奖励，要进行职位的合理安排，要鼓励创新，要宽容失败，这些都是十分重要的激励措施。一句话，最大限度地调动人的积极性与创造性，这是最大的新动能。

2022 年 1 月 26 日

格局决定一切

什么是格局？格局的基本释义是：结构、格式和规模。现在人们也往往在延伸着格局的含义，将格局释义为为人处事的态度与站的高度。

高度决定格局。杜甫说："会当凌绝顶，一览众山小。"说明了泰山的高度，只有站到足够的高度，才能看得更远，站的高度如果不够高，视野就会受到限制。

人生追求决定格局。一个人的人生目标，决定其格局。理想、梦想、目标，都是人生最重要的追求，远大的理想、美好的梦想、崇高的目标，都决定与影响着人生格局。

品格决定格局。心善的人，为天下人着想，为大家服务，处处替别人考虑，这样的人才会有格局。自私的人，心胸狭窄，只为自己，不可能有什么大格局。心灵决定品格，品格决定格局。

知识决定格局。一个人的格局受其知识面的影响，狭窄的知识面往往限制了他的视野，影响了他看问题的高度。知识，是望远镜；知识，是千里眼；知识，是万花筒；知识，能穿透层层迷雾，直插事物的本质。缺乏知识，局限了他的视野，没有了高度；没有知识，寸步难行，一事无成。

情怀决定格局。一个人的胸怀与情怀影响与决定着格局。心有多大，舞台就有多大，情怀有多深，天地就有多宽。要有包容万物之心，要有深爱百川之情，装得下世上的一切，热爱生活热爱世界，这样的格局足够大，这样的事业长青。

地位决定格局。地位，就是一个人在社会中的政治与经济地位，是一个人实力与影响力的标志。不在其位，不谋其政，对一个普通的人而言，不能以大格局来要求，这是不现实的。在什么位，就要有什么样的格局。但，一个普通的百姓，胸怀天下，有大格局，也是常有的事，"先天下之忧而忧，后天下之乐而乐"就是这种品质的生动写照。

性格影响格局。一个人的性格也影响着格局。优柔寡断而缺乏果断性格的人，不会有大格局，因为大格局需要大魄力。患得患失而缺乏一往无前的人，也不会有大格局，因为大格局需要大勇气。不懂得集思广益的人又没有智慧的人，也不会有大格局，因为大格局需要大智慧。

朋友圈影响格局。一个人的思想，受其所交朋友的影响。从一个人所交的朋友圈，就可以看出这个人的思想境界。从某种程度上说，朋友圈决定了一个人的格局，这句话一点也没有错。

2022年1月26日

100道成都名菜

看到今天（1月26日）《成都商报》，成都商务局发布指南，鼓励网上订餐、错峰用餐，还公布了成都今年年夜饭首版100道成都名菜，现转载如下：

1.陈麻婆豆腐；2.夫妻肺片；3.赖汤圆；4.龙抄手；5.鸡豆花；6.樟茶鸭子；7.钟水饺；8.白果炖鸡；9.麻辣水煮牛肉；10.回锅肉；11.甜水面；12.大蒜鲢鱼（邹鲢鱼）；13.菜根老坛子；14.温鸭子；15.麻辣兔头；16.古法蒸岩团；17.郫县豆瓣鱼；18.盘飧市卤菜；19.青城泡菜；20.油烫鹅；21.犀浦鲢鱼；22.怀远三绝；23.烧牛掌；24.糖油果子；25.帽结子肥肠；26.推纱望月（鱼豆花）；27.成都包子；28.天佑祥万春卤菜；29.水煮黄辣丁；30.简阳羊肉汤；31.伤心凉粉；32.成都特色凉拌鸡；33.网油鸡卷；34.新都缠丝兔；35.沱沱鱼；36.龙须牛肉；37.奶汤面（钵钵鸡）；38.红烧什锦；39.红烧肉；40.酥小蒙牛肉饼；41.成都板鸭；42.渣渣面；43.墨鱼炖鸡；44.客家鲊肥肠；45.川芎肘子；46.青城山老鸭肉；47.枸杞牛尾汤；48.川味抄手；49.陈坛泡菜鱼；50.宫保鸡丁；51.苕菜狮子头；52.宝黄禅排；53.新繁叶儿粑；54.蒙氏叫花鸡.55.六合鱼；56.藿香鱼；57.红糖醪糟；58.毛血旺；59.客家姜汁鸡；60.肥肠血旺；61.鳝段粉丝；62.凉

拌红油耳片；63.渣渣牛肉；64.糖醋脆皮鱼；65.火鞭牛肉；66.大刀咸烧白；67.五香猪肝；68.糯米鸡；69.石磨豆花.70.麻辣手撕兔；71.红烧兔；72.黄油老鸡汤；73.芋儿竹笋炒鸡；74.香辣蟹；75.银蒜烧汉寿中华鳖；76.归杞莲藕乌鸡煲；77.盐煎肉；78.柴火鸡；79.翅壳鱼；80.炝锅鱼；81.炖蹄花；82.稻香鸭；83.豆花饭；84.沸腾牛蛙；85.高原有机番茄煮牦牛排；86.蚂蚁上树；87.香碗；88.柚花柳勾鱼；89.藿香鳝鱼；90.老鸭汤；91.鲜鲍焗香蹄；92.肥肠豌豆汤；93.回锅鱼；94.跳水鱼；95.生爆甲鱼；96.干煸肘子；97.鱼香肉丝；98.蒜泥白肉；99.开水白菜；100.担担面

2022年1月26日

没有第二种选择

　　市场，往往是残酷的，在公开市场的招标中，要么中标，要么丢标，没有第二种选择。一旦进入了公开竞标市场，必须一切按招标规则办事，试图做其他的努力，那是徒劳的。

　　市场，这里没有盛开的鲜花，只有战地的黄花；这里，没有阳光灿烂的日子，只有激烈争斗的场面。

　　市场，是个输赢的决胜地，是个决战的高地。在市场的争斗中，不要抱有任何幻想。丢掉幻想，准备战斗。

　　市场，呼唤勇士，勇士渴望战斗。真正的勇士，敢于面对激烈的竞争，勇者胜，怯者败。

　　在市场的较量中，没有第二种选择，只有奋力一搏的争取，不能有患得患失的犹豫。

　　市场的取舍，这首先是个战略问题。价格，说到底是为战略服务的，有什么样的战略，就会决定什么样的报价。

　　市场的竞争，必须考虑对手的出牌，要研究对手的策略，不能只从自身角度考虑，还必须研究对手与环境。因为决定胜负的，是我们与对手的比较，是竞争环境的因素。

　　是志在必得，还是顺其自然，取决于战略、策略与实际情况。有些项目，志在必得，就得出手果断；有些项目，不是由价格所决定的，这个时候，要抓住最关键要素。

是犹豫不决，还是出手果断，这也是能否在市场中取胜的关键。目标清晰，意志坚定，出手果断，在市场上胜出的概率就高，反之，犹犹豫豫，什么也不肯放弃，什么也自以为是，在市场中败出的概率就高些。

2022 年 1 月 27 日

争取最好的结果

今年，经济工作的总基调是稳中求进，稳字当头，进在其中。但我们任何时候都有一个不变的宗旨，那就是在一定的环境条件下，争取最好的结果。每年的情况不一样，会有调整，但这个宗旨是永远不变的，就是在特定的情况下，力求最好的结果。

稳，是前提；稳，是基础；稳，是手段。稳，还是目标，目标，还是求进，同时在求进的目标下，继续加快。

稳，就是要稳定战略、稳定目标、稳定大盘、稳定客户、稳定市场。

稳定战略，这是最重要的。已经制定并证明是行之有效的战略，就尽量不要去动，也不要常常调整，能不动，尽量不动，除非需要，才进行补充。要让这些战略在实践中更加稳定地发挥作用，在稳定战略的基础上，稳定客户、稳定市场、稳定与战略相关的一系列配套政策，同样非常重要。

快，是目标，是方向，在稳定的基础上要加快发展速度，这仍然是我们的目标。没有一定的发展速度，想稳也稳不住。为了稳，必须快；为了更稳，必须更快，这就是事物的辩证法。

总之，战略要稳，市场要快，稳中求进，稳中求快，是我们今年的方针。在处理一系列复杂问题时，该稳就稳，该慢就慢，该快就快,一切从具体事物出发,不设条件,不带框框,争取最好的结果。

2022 年 1 月 28 日

新年遐想

农历虎年春节要到了，一方面，我们在充满节日与浓浓的年味中迎来虎年春节；另一方面，这个世界面临着一系列不确定：奥密克戎毒株继续蔓延，继续威胁着人类，影响着国际间正常交往。新冠病毒已经传播两年了，不见好转。虽然有一些专家预测将在不久结束这种流行病，但从这两年的经历看，直到现在，我们也还没有找到新冠肺炎病毒的成因，疫苗的作用有限病毒还没有减弱的趋势，病毒对人健康的影响是不言而喻的，死亡人数也在增加，我们要从人民健康安全着想，要坚持中国成功的防疫经验，一步一步来，坚持动态清零不动摇，不能轻易改变现有做法。

世界的不确定，还在于地区冲突的不断加剧，这主要是美国称霸的全球战略。一个已经日衰但仍然有强大实力的国家，为保住自己地位，抵御世界格局的变化，会做出许多疯狂的行为，这些行为对世界经济秩序是个破坏，对中国科技与经济的增长将带来严重挑战，美国的这些行为虽然会延长其称霸的时间，但无法改变总的发展趋势。美国的行为，虽然改变不了趋势，但确实会深刻影响与在短时内改变世界的格局，至少，我们现在在一些关键领域内还无能为力，因为，美、日、欧同盟一旦建立，其实力不能低估，我们要克敌制胜，还需要时间与法宝。

我们在不确定中迎来确定的新的一年。在新的一年，我们应当在防疫方面更加积极、更加科学，要把疫情对发展的影响降到最低；新的一年，要把推动"卡脖子"工程、实现"卡脖子"工程的突破，作为国家战略，全力持续推动；新的一年，要在稳的基础上，坚持稳中求进、稳中求快的思想，该慢就慢，能快就快，在新的一年，是否能取得更大的成绩，是否能取得新的突破，关键是我们能够获得多少新的动能，而新动能的获取需要智慧与担当。

2022 年 1 月 29 日

学会欣赏对手

市场竞争，充满残酷，但对于残酷的市场竞争，并没有第二种选择，只有全力应对，努力争取胜利，才有生存的可能。

然而，竞争并不是市场唯一的选项，除了市场上的竞争外，我们还可以学习对手，欣赏对手的成功。我们必须学会向对手学习，学会向合作伙伴学习，学会深刻检讨我们自己，而不是一味地责怪环境，责怪市场的不公。

学会欣赏对手，对手的优势是客观的存在。有些项目或有些标段丢了，竞争失败了，一定有其原因；客户选择了对手，一定有客户的理由，我们需要学习对手，深刻反思自己，找到自己的差距，这样才能进步。

学会欣赏对手，是一种胸怀。胸怀有多大，舞台就有多大，狭窄的心态，无助于自己的成长，无助于竞争力的提高，无助于进一步发展壮大。

2022 年 1 月 30 日

冬奥会与体育评论之一

超越，总在转折处
——祝贺中国队在冬奥获首金

昨天晚上，观看了冬奥会男女混合接力的半决赛与决赛。在半决赛中，中国队出现了交棒失误，不过在比赛结束后，当值主裁判进行了录像回看，判定美国队和俄罗斯奥运队因阻挡犯规成绩取消，也因此中国一波三折，惊险拿到了晋级决赛的名额。

决赛中，中国队排出的阵容是范可新、曲春雨、任子威和武大靖。决赛发枪后，中国队第一棒范可新凶悍内切，抢到了头名位置，但第一圈还没滑完，就有队员倒地，按照规则，比赛重新开始。

第二次发枪后，范可新只抢到第三的位置，但是她沉稳跟随，没有盲目超越。第二个接棒的曲春雨觅得机会，成功完成超越，接下来，任子威和武大靖接棒，中国队优势越来越大。

其间，匈牙利和加拿大的运动员还先后摔出赛道。进入最后两圈，武大靖接棒时，他身后只剩下意大利选手还在紧紧跟随。但武大靖顶住压力，没有让对手完成超越，并以微弱优势率先撞线，为中国队确保了这枚金牌。

这枚金牌来之不易，在观看比赛时心里特别紧张，因为彼此实力接近、拼抢激烈、难舍难分，关键是拼意志、比稳定、抢机会。中国队的成功关键是第二棒曲春雨接棒时实现弯道超越，从第三位升到第二位，而第三棒任子威又在接棒时从第二位升到第一位，从而实现了冲刺阶段的领先地位，为这枚金牌的获得奠定了基础。

这枚金牌极大地鼓舞了中国冬奥军团，将鼓舞中国冰雪健儿在冬奥会上取得更好成绩，给3亿人的冰雪运动带来更大信心，给正在欢欢喜喜过春节的中国人民带来极大的欢乐，使虎年春节格外喜庆，使东道主的中国大放光彩，其意义可与出彩的冬奥会开幕式媲美。荣誉属于在决赛中做出贡献的范可新、曲春雨、任子威与武大靖，也属于在半决赛中做出贡献的张雨婷，属于教练组的集体智慧，属于中国冬奥军团。

超越，总在转折处。在冰道的直线段或转弯处，要想实现超越，难度极大，一是容易犯规，二是容易摔到，冰道上常出现运动员犯规与摔倒，使夺冠的梦碎，成为一生的遗憾。而如果成功地把握交接的转折机会，有可能实现弯道超越，中国队的成功就是连续抓住了两次交接棒的机会，甩掉了对手，取得了来之不易的胜利。

超越，关键要把握机会。机会，是实现超越的契机，要准确地判断机会；超越，要有实力，更要有智慧，要有胆略；机会，是实现梦想的翅膀，只有把握机会，梦想才能变成现实；机会，稍纵即逝，要有敏锐的眼光发现，要有耐心的准备等候，更要有足够的勇气和魄力去抓住。

　　冰雪运动是这样，体育竞赛是这样，一切竞技比赛是这样，市场经济与人生也是这样。

2022 年 2 月 6 日

冬奥会与体育评论之二

体育崇尚的是一种精神
——祝贺女足成功逆转获得女足亚洲杯冠军

北京时间2月6日晚上19：00，女足亚洲杯决赛，中国女足在两球落后的情况下下半场连入三球，3:2绝杀韩国女足，时隔16年再获得亚洲杯冠军。赛后各业内人士热议了中国女足的表现。

中国女足在0:2落后的情况下，在下半场中国女足4分钟内连入两球，在唐佳丽命中点球后，替补王霜出场的张琳艳破门扳平，记者袁野表示："这球看得过瘾，这小丫头进了一个头球，真是绝了。"随后袁野又补充表示："水指导这换人真是神了。记住这个00后小丫头的名字：张琳艳。中国女足19号，替补上场，一次造点、一次头球。"

上半场中国女足连输两球，胜利的天平向韩国队倾斜，但女足姑娘绝不认命。下半场吹起反击号角，在短短4分钟内，唐佳丽、张琳艳连下两城，扳平比分，到伤停补时阶段，在张琳艳的神传下，肖裕仪绝杀破门，这是一场堪称教科书式的足球反攻。

解说员高度评价主教练水庆霞用兵如神，这一评价绝不过誉。

用兵如神的背后,是主教练阅读比赛的超高能力,是把握球场局势之后的准确判断,更是临危不乱、指挥若定的高明艺术,向刚当上主教练便能夺得洲际大赛冠军的水指导致敬!

以上是国内新闻关于女足夺冠的部分报道。

女足夺冠的消息传来,全国人民欢欣鼓舞,给正在农历虎年春节的全国人民送上最好的一份礼物,给正在奋战冬奥会的中国健儿巨大的鼓舞。网上网下,好评如潮,海内海外,充满崇敬。

人们欢呼女足的胜利,更多地是崇敬女足的拼搏精神,当年中国乒乓球队荣国团的"人生能有几回搏"的精神,一直鼓舞着乒乓球成为国球,乒乓球因此成功实现小球转动大球的伟大历史使命;中国女排的拼搏精神,一直是国人引为豪的光辉典范,如今中国女足走出底谷,在16年后重返亚洲女足冠军宝座,身上似乎又有了中国女排与中国乒乓球队的精神风貌。

体育崇尚的是一种永不放弃的拼搏精神。体育比赛,是一种竞技比赛,培养的是一种勇敢与敢于拼搏的精神。精神,是体育的灵魂,是体育的核心,通过体育比赛,提高人类的身体素质与竞技意识,更重要的是弘扬一种人类最重要的拼搏精神。只要比赛没有结束,任何时候,都不能放弃;任何时候,都要全力以赴;任何时候,都要信心满怀;任何时候,都要每分必争、每秒必争、每球必争。拼搏精神,体现了体育的宗旨,体现了民族的精神,体现了人类的精神。中国女足这次在争夺亚洲杯女足冠军的比赛中,上半场0:2落后,但下半场斗志不减,顽强拼搏,终于以3:2逆转韩国女足,夺得冠军,充分展示了永不放弃的体育精神。

体育崇尚的是一种科学精神。体育比赛的胜利,不仅是实力的比拼，更是智慧的较量；体育比赛的胜利，不仅是个人水平的比赛，更有教练超水平的科学指挥与团队的密切配合，这些都密不可分。这次女足在主力王霜被换下的情况下，团队众志成城，在水庆霞教练的出色指挥下，配合神奇，最终取得了胜利，而如果不能及时换人，那么后果不堪设想。足球比赛，是团队的竞赛，不能对个别主力依赖过大，这些主力或因伤病、或因被对手重点盯看，很难发挥出好的水平，而团队一起发力，则对手无法阻挡。

体育崇尚的是一种人类友爱的精神。体育，超越政治，超越社会制度，超越意识，能架起加深友谊、加深理解、加深合作的伟大桥梁。国与国政治与社会制度的不同，不应该成为国际交往的障碍。当前，疫情溯源的政治化，欧美对中国新疆、西藏问题的妖魔化，对中国高科技的全力打压，使世界分裂的趋势愈加明显，东西方的分歧与鸿沟加深，这种情况下体育的作用更加明显，冬奥会成为世界人民了解美好中国的最好窗口，是美好世界的象征。以中日关系发展为例，1971年4月中国乒乓球队访问日本并参加第31届世乒赛，受到日本各界友好人士的热烈欢迎，虽然那时中日还没有建交，但通过乒乓球，让中日人民亲切交往，当时的中日民间关系很融洽。而中日建交50年后的今天，中日关系则面临很多问题，因此需要增进中日民间交往，更好地发挥体育、文化与旅游的重大作用，增进两国人民友谊与了解。

体育崇尚的是一种"胜不骄，败不馁"的竞赛精神。体育，不仅要培养强烈的竞争意识，同时也要培养"胜不骄，败不馁"的精神，竞技体育高手如林，既有必然性，同时也充满着偶然性，面对不可预测的结果，一定要抱着尽最大努力、做最坏的打算，要做到"胜不骄，败不馁"，尊重裁判员，尊重对手，树立良好的体育道德风尚。

体育崇尚的全民健康的精神。体育，最终目的是为了全民的健康，是为了让更多的人投入到体育健身中去，是为了从根本上提高人类的身体素质，以适应社会发展对人类健康的需要，提高抗击与抵御疾病对人类健康的危害，体育的最大意义也在于此。

体育崇尚的是公平参与的精神。国际奥委会在《奥林匹克宪章》中"奥林匹克主义的原则"条款中有这样一段话："每一个人都应享有从事体育运动的可能性，而不受任何形式的歧视，并体现相互理解、友谊、团结和公平竞争的奥林匹克精神。"体育，就是要为所有人尽可能提供公平参与的机会，参与体育，是人的基本权利之一，必须得到尊重。

体育丰富着人类的生活，增加着人们的追求，提高着人类的健康水平。而体育产业本身也是一个巨大的产业。足球，是一个具有巨大潜力的市场，通过女足的努力将树立起国人的信心，掀起一股足球热。而通过冬奥会拉动，3亿中国人参与的冰雪运动，更是一个无法估量的巨大产业，在冬奥会上取得优异成绩的运动员必将成为冰雪新一代青少年崇拜的偶像，成为他们成长与报效祖国的榜样。

这时，田震的经典歌曲《风雨彩虹铿锵玫瑰》在我耳边响起，成为祝福中国女足的最好选项。

风雨彩虹铿锵玫瑰

田震

一切美好只是昨日沉醉
淡淡苦涩才是今天滋味
想想明天又是雨晒风吹
再苦再累无惧无畏
身上的痛让我难以入睡
脚下的路还有更多的累
追逐梦想总是百转千回
无怨无悔从容面对
风雨彩虹铿锵玫瑰
再多忧伤再多痛苦自己去背
风雨彩虹铿锵玫瑰
纵横四海笑傲天涯永不后退
思绪飘飞带着梦想去追
我行我素做人要敢做敢为
人生苦短哪能半途而废
不弃不馁无惧无畏
桃李争辉飒爽英姿斗艳
成功失败总是欢乐伤悲
红颜娇美承受雨打风吹
拔剑扬眉豪情快慰

风雨彩虹铿锵玫瑰

芳心似水激情如火梦想鼎沸

风雨彩虹铿锵玫瑰

纵横四海笑傲天涯风情壮美

风雨彩虹铿锵玫瑰

再多忧伤再多痛苦自己去背

风雨彩虹铿锵玫瑰

纵横四海笑傲天涯永不后退

风雨彩虹铿锵玫瑰

芳心似水激情如火梦想鼎沸

风雨彩虹铿锵玫瑰

纵横四海笑傲天涯风情壮美

2022 年 2 月 7 日

管 | 理 | 随 | 笔 ❽

冬奥会与体育评论之三

太阳之光，照耀着冰雪场
——祝贺谷爱凌勇夺自由式滑雪大跳台决赛冠军

由我作词、著名青年女歌唱家高楠作曲并演唱的《太阳之光》首发后，在 QQ 音乐榜上一直排在前面，受到大家的欢迎与喜爱。今天在这个特殊的日子——中国队谷爱凌首夺她的冬奥会金牌"自由式滑雪女子大跳台决赛冠军"时，再次重发，表示对谷爱凌夺冠的祝贺，表示对铿锵玫瑰们一系列鼓舞人心的表现的祝贺，具有特别意义，因为这首歌的动人音乐与感人演唱很适合这种由衷庆祝的欢乐氛围。

谷爱凌夺冠，全球关注。2 月 8 日，自由式滑雪女子大跳台决赛在首钢滑雪大跳台中心打响，备受瞩目的中国选手谷爱凌历经三轮比拼，以从未展示过的 1620 动作征服观众，这一跳得 94.5 分的高分，最后谷爱凌以三轮 188.25 的最高成绩，首次冬奥会之旅就拿下金牌。比赛现场，国际奥委会主席巴赫全程见证谷爱凌摘金，当谷爱凌凭借第三跳的高难度跳跃成功反超对手获得冠军时，巴赫起身持续鼓掌，并与谷爱凌击拳祝贺。比赛之后谷爱凌在现场接受了采访，谷爱凌说道："今天是我人生中最高兴的一天，我在最后一跳跳出了一个从来没有女孩儿完成过的动作。能够在北京冬奥会圆梦非常激动,没有词可以形容我今天的心情。"

谷爱凌夺冠,使她成为中国千百万冰雪运动的偶像,也成为中国体坛新的风向标,成为中国体坛的一姐。3亿人的冰雪运动从此有了一个更新的风向标,有了一个更好的榜样,这对青少年冰雪运动信心的鼓舞是无法比拟的。

谷爱凌夺冠,承受着巨大压力。之前她在世界杯上夺冠、她与国人对本冬奥会的期待,是不言而喻的,压力巨大。而前两个回合的不顺利,综合排名第3名,为夺冠增加了不确定性。她以极强的心理素质,最后的完美一跳,实现大逆转。

谷爱凌,是一个非常好的榜样。出身高知家庭,妈妈谷燕北大毕业,后到美国留学,从谷爱凌9岁开始滑雪,就一直陪伴着她。谷爱凌集中美两国的很多优点,她说:"我不是为了拿奥运奖牌而滑雪,也不是为了考上斯坦福而学习,我这么做是因为我喜欢,顺便赢几场,而赢又让我更喜欢去做。"

谷爱凌强调,在做其中任何一件事时,自己都会尽力保持专注,高效地完成后,再干净利落地切换到下一件事。谷爱凌还充满爱心,获得冠军后,不忘慰问亚军获得者法国运动员勒德。

在结束了在北京首钢滑雪大跳台的决赛后,谷爱凌随后将转战张家口赛区,备战她接下来的坡面障碍技巧和U形场地的比赛,而这两项是她的强项,我们祝贺她取得更好成绩。

愿太阳之光给冬奥会带来阳光,给全国人民带来欢乐,给谷爱凌带来更加美好的祝福。

2022年2月8日

冬奥会与体育评论之四

改变,需要谷爱凌这样的人才

谷爱凌,现在成为网上网下热议的对象,成为国人的骄傲,成为千百万冰雪运动爱好者的偶像,成为中国对外的一个最好代言人。

无论是在决战的关键时刻,还是取得金牌的荣耀时刻,谷爱凌都表现出一种勇敢、智慧、坚决与谦虚的精神,具有一种任何人无法阻挡的魅力;无论是在面对热情的观众,还是应对国外媒体的辛辣追问,她都坦然应对,谈笑风生,有原则,有灵活,有高度,有内容,更真实,远胜过那些表情僵硬、照本宣科的人。

谷爱凌是中美混血儿,具有中美两国一些优秀品质的集合,美国制度的教育使她自由与坚强的个性得到培养与充分发挥,高素质的教育使她站在一个相当的高度;而中国家庭式的教育、特别是母亲长期的陪伴,使她具有中国人特有的厚道忠孝,她回归中国正当时,正处在开发初期的中国冰雪运动,使她成为亿万人心中的偶像,成为推动冰雪运动的强大动力,她的价值正在迅速提升。

个性,是事业成功的基础,是创新力的保障,只有培养那些具有坚强个性的各类人才，使他们德才兼备，个性充分张扬，才能托起我们宏大的事业；只有培养坚强个性的人，我们才能在各类国际竞争中取得领先地位。宽松的环境，多样的风格，不同的声音，包容的态度，是我们培养这一类人的土壤，显然，我们还很不够，还要努力。

  美好，总在真诚中。真诚的声音，真诚的祝福，真诚的内心，纯洁的世界，让这个世界更加美好，而谷爱凌给我们上了一堂生动的课，她在中美之间搭起了一座桥梁，这座桥梁是有形的，也是无形的，但在我们心中真实地存在着，影响着我们。

2022 年 2 月 10 日

书写更加华丽的篇章

今天,是上班的第一天,满满的日程,丰收的喜悦,预示着借冬奥会健儿奋进的脚步与东风,我们将在新年里书写更加华丽的篇章。

书写更加华丽篇章,首先要战胜自己,要不断挑战自己,挑战自己的极限,将精彩进行到底,不断创造新的历史。

书写更加华丽篇章,要继续更大的付出,要准备走更加艰苦的路,要准备付出更多的代价,要准备付出更多的努力,要准备攀登更加艰险的高峰。

书写更加华丽篇章,要与志同道合者一道前行。新的一年,将扩大合作,致力于与志同道合者一起前行,一起携手,将我们的理念与文化贯彻到底,对社会尽我们更大的责任。

书写更加华丽篇章,胆子要更大,步伐要更快,斗志要更坚。要进行更多新的变革,要进行更多新的尝试,要进行更多的调整,要起用更多的新人,提供更加宽广的舞台。

书写更加华丽的篇章,要更加务实地工作,脚踏实地,不顾一切,奋勇向前,要坚定地按照既定的目标前行。

书写更加华丽的篇章,要勇于创造新的生活,不断扬弃旧的东西,增加源源不断的新动能。要更加热爱这个美好的世界,要敢于面对一切挑战，做个生活的强者，不断突破成长障碍，让一切不可能变成可能，让奇迹不断发生。

书写更加华丽的篇章，告慰前辈，激励来者。红色的基因，时代的潮流，给我们带来一个更加美好的世界，太阳之光照耀着冬奥会，照耀着新能源，照耀着我们新的美好生活。

2022年2月9日

以变制胜

为了在新的一年里，取得更好的成绩，我们需要认真总结经验，要坚持好的，纠正错的。

以新制胜。要发现新情况，要研究新问题，采取新对策，不断调整，更好地适应发展。新，就是新的思路；新，就是新的战略；新，就是新的目标；新，就是新的方法；新，就是新的动能；新，就是新的胆略；新，就是新的胸怀；新，就是新的赛道。

以变制胜。变化，是我们的生命；快速变化，是这个时代的特征；面对瞬息万变的市场，我们必须学会以变制变，以动制动，以主动求变、主动应变的精神，适应新一年的变化，适应新一年的挑战。

以快制胜。速度，是追赶与超越的关键。低速度，随时都有被超越的可能。低速度，就意味着在发展的滚滚洪流中将被淘汰。抢速度，就是抢制高点，就是抢机会，就是抢发展，就是抢位置，因此必须在稳定的基础上，继续保持较快的增长速度。

以智制胜。快速发展，仅有雄心是不够的，只有苦干也是不行的，必须要有正确的战略，要有灵活的策略，要有智慧的头脑，要准确判断时机，勇敢选择赛道，果断发力，加快新一轮的超越。要善于集中力量，善于缩小阶段性的目标，使力量更加聚焦，使发力更加精准，从而不断实现更大的突破，迈上更高的台阶。

2022 年 2 月 11 日

市场到底来自哪里？

一、市场，到底在哪里？

当然，市场在我们的开发中，但更多地存在于我们的服务中，在我们的服务过程中考验、延伸并决定着我们的市场。全力以赴、百转千回、配置强有力力量保证和谐服务、贴心、贴身甚至可能是贴本的服务，最终取得客户的信任，成就一个又一个庞大的市场。从我们与华虹、中环、长鑫、中芯国际与中芯（集成）、华天科技等项目的服务过程中得到的充分信任，说明了这点。

全力以赴，就是对客户的诉求高度重视，集中力量，全力以赴地去完成。

百转千回，就是即使受尽委曲，就是贴本，也不改初衷，不变初心，曲折总会到头，是非总会分明，历史总会正本清源。

配置强有力力量、高水平的服务、和谐关系、贴心贴身服务，就是要派出强有力的设计与总包团队在现场高水平地服务、贴心服务、和谐服务、保障服务，让客户发自内心由衷满意，这样市场就会不断延伸。

因此，我们通过开发，开辟新的市场；通过深化服务，不断扩大市场，持续延伸市场，进一步巩固市场。

充分关注客户需求，不惜一切代价真诚服务好每一个客户，就是最大、最好的市场；为客户排忧解难，帮助客户实现价值、创造最大价值，是我们服务的神圣使命，也是市场的最大来源。

市场，就是这么来的。口碑加实力，就是市场，就是影响力。

二、战略，始终是我们的生命线

在我们的发展中，战略始终是我们的生命线，是我们的灵魂，是我们发展的方向。在战略的正确指引下，我们取得了一个又一个胜利。在战略的正确指引下，即使我们局部策略失误，带来不利，也无法在总体上撼动我们总体发展的趋势。

因此，坚持"双轮驱动的战略"（投资与服务双轮驱动、电子与新能源双轮驱动、设计与总包双轮驱动等）、"三化战略"（项目中小化、低利化、多元化）、四项新战略组合（三化战略；三大工程：大项目、大客户、大合作；三个一体化：设计总包一体化、引资服务一体化、区域合作一体化；三新方案：新领域、新地区、新人）、八项同时并举的新战略（1. 设计、总包、施工并举；2. 高、中、低价格并举；3. 合同、营收、利润并举；4. 新老客户、新老区域并举；5. 市场、技术、管理、人才并举；6. 专业化与多元化并举；7. 发展速度与控制风险并举；8. 自主与合作并举）。

这些战略，是我们发展的生命线，而坚持"敢为天下先、变不可能为可能、诚信敬业协力创新"的企业精神，"国家优先，服务客户，回报股东，造福员工"的企业宗旨，"市场的狼性、服务的诚信、做人的善性"的行为准则，始终是我们一切工作的基石。

三、抓不抓，不一样；管不管，两重天

我们在新能源领域转型已有 10 年了，虽然一直在进步，但发力不够，进展甚微，一直在低位徘徊。我在 2021 年初提出，我们要全力推动新能源上规模，后来在 2021 年 5 月 10 日，在 365 光伏杭州双碳会上，我自加压力，对外公开宣布，十一科技 2021 年新

能源合同要迈上百亿大关。由此开始，院采取一系列措施，在全院同志的共同努力下，我院新能源战线同志斗志旺盛，抓住双碳的历史性机会，在年底历史性地实现 200 亿新能源合同。

这说明，抓不抓，不一样；管不管，两重天。我们一定要制定较高的目标，采取一切措施推动目标的实现，推动梦想的变真，这是变不可能为可能的典型案例。

四、转型，改变命运，决定命运

以集成电路为核心的电子行业，属于国家新型战略性行业，前途无量，但是这个行业的发展竞争十分激烈，属于老赛道，拼抢激烈，空间有限，想快快不了。新能源是个新兴行业，我们通过 10 年的持续转型，已经取得了先发优势，现在正是提升、巩固与扩大这个优势的大好机会。今年，我们努力争取再次实现由光伏发电向风能发电的转型。

现在，电子与新能源双轮齐飞，成为支撑十一科技高位持续增长的强大动力。

转型，永远在路上，不转型，生存都困难，发展更无可能。转型拉开了企业之间、城市之间、地区之间的差距，而且差距还会继续扩大。

转型，改变了命运，决定着命运。转型，迎来了一片新天地，而且随着时间的推移，转型的结果更加明显。不转型，路就越走越窄，最终必定是无路可走。

2022 年 2 月 12 日

管 | 理 | 随 | 笔 ❽

子亦拙进取，才高命坚顽

昨天，成都迎来了一个难得的冬日暖阳，又是周末，大家都选择在这一天聚会，这也是春节上班后的第一个周末，因此老友新朋在一起，度过了一个快乐的周末。

冬奥会，自然是离不开的话题，自然是有得有失，有喜有忧，喜的是中国健儿奋力拼搏，还是取得了一些成绩，忧的是冰上速滑队伍总体上青黄不接，缺乏拼劲，让人失望。看来，从根本上调整速滑队伍，加快新老交替，已是必然的趋势。而未来的夺金点，人们似乎更多地关注张家口赛区谷爱凌的表现了，其他的，似乎都难看到把握与希望。

体育赛事，关键要有股拼劲，没有了拼劲，就没有了体育赛事的灵魂；缺乏拼劲，就没有了希望；缺乏拼劲，也就没有了观赏的精彩；缺乏拼劲，不会出现奇迹；缺乏拼劲，不能表现运动员完美的自我。

人生也是如此，无论在什么岗位，无论什么年龄，关键是要有股不断进取的精神，关键要有股蓬勃向上的劲头，有了这股精神，有了这股劲头，人生会变得更有意义，一切不可能也会变成可能。

苏轼说"子亦拙进取，才高命坚顽"，鼓励人们不断进取，不断攀上新高峰。持续的拼搏，不倦的努力，会让我们不断攀上一个新的高峰。"才高命坚顽"是通过不断进取，在曲折坎坷中由"拙"变"才高"，一切荣誉、光环背后都有不为人知的心血和汗水，一切不可能到可能的变化，关键在于不断的进取精神。

命运，都是奋斗出来的。人们都说谷爱凌是学霸，是天才少女，谷爱凌回答说，很高兴别人这样称谓她，但99%是努力，只有1%是天才。可见，一切成就是无数心血换来的结晶，古往今来，概莫能外。学术界、科技界、商界、体育界等，都是如此。

路，是人走出来的。鲁迅在《故乡》一文中说："希望本无所谓有，无所谓无，这正如地上的路，其实地上本没有路，走的人多了，也便成了路。"路，就在我们的脚下，脚下是延伸的路，用我们的努力，铺就一条金光灿灿的路。

金牌，是拼抢出来的，没有拼抢精神，便没有希望。而拼抢的基础，是平时的训练、体力与比赛时的心态。

2022年2月14日

元宵节，成都夜色更美丽

昨晚，是元宵节，由于成都成功防疫，街上的人很多，人们现在习惯在节日的夜里走上街头，看看城市的繁荣，感受时代的变化，感受现代城市的生活节奏。

昨晚，我们来到成都东郊的《天街》，原来这里都是郊区，一片农田，现在随着城市化进程的加快，农村也变成了城市，成为繁华都市的一部分。

元宵节里，城市的夜色格外美丽。霓虹灯闪耀，在夜空中划出一道道光芒，疑是银河落九天，城市夜色比起白天更加美丽。现代化的成都，已形成多个城市副中心，两个大机场的运行，世界大运会即将召开，使其更具国际范。

元宵节里，城市的人们格外快乐。老友新朋相聚，同事亲人举杯，告别旧岁，告别喜庆的春节，迎接虎年的真正开始。昨晚，所有的餐店都满座，商场也是人流不断，人气很旺。文化娱乐场所的生意很好，人们高歌一曲，歌颂美好的新时代，赞美幸福的生活。

元宵节里，成都的夜色更加迷人。其实，不只是成都的夜色是迷人的，全国的城市建设都是日新月异，都很漂亮，只不过成都的夜色更具特点。由于贯穿城市的府南河与多个城市副中心的存在，使成都这个宜居城市美名远扬。生活方便，规划合理，建设现代，城市更新及时，森林、公园城市，文化氛围浓烈，历史感强，人们大度包容，使成都成为宜居、宜业、宜游的最重要城市之一。

我为生活在成都感到幸福与自豪，为成都城市建设的日新月异而高兴，为能为成都发展做出自己的贡献而骄傲。

成都，加油！

2022 年 2 月 16 日

新任务，新思路

——关于如何做好 2022 年的工作

2022 年是"十四五"的关键之年，也是我们处在最好时期的重要一年。

一、要围绕"电子更强，新能源更快"的总体战略目标与 2022 年经营指标开展工作。要围绕上述两个目标，深化院的一系列正确战略。要全面贯彻院的企业精神、企业宗旨、行为准则，把 2022 年的各项任务落到实处，在落实指标时，要比总部下达的指标高为好，要自加压力，这样才有更大的发展动力，为以后发展留出余地。

二、要充分发挥第一事业部与第二事业部的作用。切实整合好全院的资源，弥补我们专业相对分散的短板，收复失地，实现电子更强的目标。同时充分发挥功能区的作用，在发挥好合肥功能区作用的同时，再建立若干个功能区，以加强产业集中发展区的竞争力。

三、要紧紧抓住新能源发展的历史性机会。双碳经济的发展，

这是在 2022 年干部工作会暨 2021 年度总结表彰大会上的讲话节选

给我们提供了空前难得的历史性的机会。我们在新能源的转型已有整整 10 年的时间，2021 年迎来了突破性的进展，2022 年我们要抓得更紧、转得更快、走得更远，坚持光伏与风能双轮驱动，坚持以多种形式带动新能源发展，实现在新的一年里新能源更快的目标。

四、要加快各类人才的培养。支持在高位快速发展的基础，是人才团队的建设与发展，我们要全力推进各类人才的均衡发展，当前特别要加强对优秀项目经理、优秀总设计师与设计总包骨干的培养，要加快以老带新，要给年轻同志的成长创造更多的机会。

五、各分院、各职能部门的干部，在新的一年都要"发现新情况、研究新问题、抓住新机遇、开展新合作、采取新措施、进入新赛道"，都要"熟悉情况、抓住关键、敢于创新、提高效率"，全力保障与推动院在高位持续稳定而快速增长。

战胜对手，首先要战胜自己，只有千方百计地提高自己、千方百计地要求自己，才能把各项工作推向一个新的高度。

六、要开好首届供应商大会。院今年将召开首届供应商大会。随着院规模的不断发展，从对现有的合作伙伴进行系统评价，从而选出合格供应商与优秀供应商，这是一件非常重要的工作，我们的发展离不开供应商，离不开合作伙伴，在我们规模化发展中，可靠的合作伙伴是我们成功的基础，而不可靠的合作伙伴是风险的来源。

七、要认真搞好改制 20 年总结。今年 7 月 6 日，我们将迎来改制 20 周年的纪念日，我们将认真总结改制 20 年的基本经验，庆祝我们取得的胜利，同时也对未来的发展指明新的方向。没有改制，就不会有重组，而没有改制重组，十一科技不会有今天的发展，因此，改制，是我们成功的基础。

八、要切实加强安全工作，确保院在新的一年里安全运行。要确保安全体系的贯彻；要确保每一个工地、每一个环节、每一位人员的安全，确保大楼与办公场所的安全；要坚持在实践中采取的新措施，加强程序性审查，确保项目的安全运行、确保资质的安全；要严格遵守各项防疫规定，严加防守，严格防疫的安全，确保生产。

2022 年 2 月 20 日

实现新超越

由于疫情的原因，我们这次会议就要提前结束了，一天半的会议我们取得了丰硕的成果，我作了《描绘更加灿烂的宏图》的主题报告，各大区与各分院都作了关于 2021 年工作的回顾与 2022 年工作的展望，我就各大区与大部分分院的发展作了点评，这些点评为大区和分院的发展指明了方向。从大家的报告中我深切地体会到一点，那就是绝大部分分院都在快速地发展，十一科技发展的洪流滚滚向前不可阻挡，"再造几个十一科技"的宏伟目标正在逐渐变成现实。

会议举行了改革振兴系列奖的颁奖和院年度系列奖项与建筑方案大奖的颁奖仪式，隆重的颁奖仪式使获奖者受到鼓舞，使旁观者受到激励，使十一科技发展的正能量得到充分的弘扬。

会议按区进行了讨论，在讨论中大家对我的工作报告给予了充分的肯定，并就院、大区与分院的发展提出了许多建设性的意见，这些意见将补充我的报告。

现在我就如何贯彻这次会议的精神讲几点意见：

这是作者在十一科技 2022 年干部工作会议闭幕式上的讲话

一、要全面传达并落实我的《描绘更加灿烂的宏图》主题报告

因为这个主题报告是对 2021 年全院工作的全面总结，对 2021 年存在的问题与成功的原因都进行了透彻的分析，对 2022 年的工作进行了全面的部署，按照这个报告来做，就会找到 2022 年的发展方向，就会落实总院提出的各项正确的战略。

二、要精心策划好每一个重大的项目

要围绕"电子更强，新能源更快"的宏大目标，采取一系列重大的措施，最重要的是要精心策划好每一个重大项目。重大项目是我们实现"电子更强，新能源更快"的突破口，要落实"从早抓起、从源头抓起、全过程抓，主要领导亲自抓，主要骨干抓、集中资源抓"，要坚持"启动早、准备细、看得准、反击狠"，整个突破工作要由主要领导同志亲自主抓，主要领导同志要活跃在市场的一线、管理的一线、拜访客户的一线、现场指挥的一线，带领团队打赢每一场攻坚战。

能否实现"电子更强，新能源更快"的战略目标，关键是要在重大项目中取得胜利。从地区看，我们要提升华东优势，建立华中优势，恢复华北优势，突破华南优势，而实现这个战略目标，要有足够的战略支撑，要有管理、系统、人才、财力、资源的全力支撑，而人才始终是关键。

三、要充分整合资源，发扬院内、区内大协作的精神

发展快的分院要帮助发展慢的分院，强的分院要帮助弱的分院，转型早的分院要帮助转型晚的分院、大区之间、分院之间要变竞争为合作，实现全院的共同发展，要打破分院、地区之间的壁垒，真正让十一科技的资源得到充分的整合，让创新思维得到充分的涌动，让十一科技的品牌和实力在每一个项目都得到落实和体现。

四、确保十一科技安全运行

要切实注意防疫安全、工程安全、质量安全、人身安全、信誉安全、资金安全，确保十一科技虎年平安，让我们在平安中稳步实现今年的目标。在发展中会有许多突发的因素影响我们，但是只要我们坚持稳中求进、稳中求快的发展基调，我们就能战胜任何困难。

2022年是"十四五"规划的关键一年，是迎接党的二十大胜利召开的一年，是我们迎来改制20年的荣光时刻，也是我们继续拉开与对手差距的一年，让我们坚持对的，改正错的，把2022年的工作做得更好！

希望同志们大胆创新、努力奋进，在自己的岗位上创造出更多新的佳绩，上演更多超越自己、超越对手的精彩故事，十一科技在发展中将不断迎来新的高潮。

2022年是关键的一年，各大区、分院主要领导同志守区守土有责，责任重大，要守好自己的阵地。

老同志要搞好"传帮带"，青年同志要奋发有为，在十一科技发展大潮中建功立业，让我们一起努力，书写更加华丽的篇章！

2022年2月20日

关于《江南运河情》的创作

这本《江南运河情》收集了我关于江南风情的诗歌与散文，共42篇，其中诗歌16篇，散文26篇。我写江南风情，是从2015年写作《江南的雨》开始的，以后越写越多，涉足的题材也越来越多，但江南的运河风情始终是这些诗歌与散文的主题，写多了，就逐渐形成了一个系列，逐渐成为了现在这样一本书。

这是一本有关江南风情的全景图，这是一本有关江南风景的诗文，用诗歌与散文的形式，全方位地展示江南的风情与风景，展示江南运河情。用诗歌与散文来表述江南，是一种新的尝试，而这种尝试将使江南的风情更好地得到展示，使诗意江南、美丽江南、历史江南、文化江南更好地呈现在大家的面前。

我希望通过这本书，让大家更好地认识与了解江南风情，了解江南的灵性，了解江南的特征。这些诗歌与散文，寄托着我对江南的一片深情，保存着我对江南的童年记忆，满载着我对未来江南的美好祝福。

衷心感谢出版社、丛书编辑者与翻译家使这套丛书得以出版，与中外读者见面，让江南风情在更大的范围内传播。

2022年2月21日

突破与坚持

突破，集中资源与力量向一点进攻或反攻，打开缺口，突破重围，突破防线，突破封锁线，突破难关|，突破纪录等。突破，就是在某个领域或某个方面的重大的、标志性的进展，是一种全新的、不曾有过的进展。

突破，是需要勇气的突破，是以魄力为基础的；坚持，是需要耐心的，坚持以耐力为基础。

坚持，就是坚定与持久，就是有耐性。坚持，就是不改变、不动摇，始终如一。坚持，是意志力的良好表现。坚持也是有毅力的一种表现。

突破与坚持，都非常重要，发展与创新，总是需要突破，也需要突破已以后的坚持。

突破，是发展的关键。只有不断冲破前进道路上的障碍，才能不断前进，不能突破，就会原地踏步，止步不前，让对手超越，最终落败。

但突破并不是一切，突破以后，仍然面临如何纵深发展与扩大突破面的问题，面临一系列更新、更严峻的考验，遇到的困难与阻力甚至可能比突破时还要大，考验也更加严峻，坚持，变得更加艰难，变得更加重要。

坚持，是突破的继续，是突破的深化。突破只是开了一个缺口，把一个缺口变成一个新天地，就需要继续努力，需要克服更大的阻力，需要做出更大的努力，这一切都考量着我们。如果我们不能坚持下去，突破取得的成果会夭折，突破最终也会终止，一切会回到原点。

任何事物的发展，都不会一帆风顺，困难与挫折在所难免，我们在通过不断突破进入新的赛道，获得新的机会，赢得新的空间，而我们在坚持中不断巩固与发展突破的成果。

每一次突破，都是新的天地，每一次坚持，都是让新的天地更加美好；每一次突破，都是新领域的进入，而每一次坚持，都是新领域的扩大；每一次突破，都是对魄力与勇气的检验，每一次坚持，都是对意志与信念的考验；每一次突破，都是新的进步，每一次坚持，都能带来新的飞跃。

突破，是重要的，没有突破，无法进入新的赛道，无法进入新的天地，无法播下光明的种子；坚持，同样重要，没有坚持，无法在新赛道上持续奔驰，无法在新天地中大展拳脚，无法结出丰硕的果实。

我们在突破中获得新空间，在坚持中开辟新的天地，在突破与坚持的交错中，不断迎来快速的成长。

2022 年 2 月 23 日

产城同步，发展可期

刚看到一个报道，大家都有一个相同的观点，认为成都的产业发展要回归主城区，我觉得这是一个非常好的想法。

最近几年，成都不断出新招，先是新规划，成立天府新区，后来又是东部新区，现在又是川渝同城发展，让人目不暇接，最后结果是城市摊大饼，越搞越大，而城市中心产业空心化现象越来越突出。这几年，在信息产业关键领域，成都与原本并肩一起走的城市，差距越来越大，这中间有很多原因，但资源分散，力量不集中，开发区太多，无法形成当年成都高新西区的产业聚集效应，是一个重要原因。

城市的发展是一个逐步的过程，总是一步一步的，不能一蹴而就。在一个大中城市，同时新启动几个新区，不说成都，就是北京、上海这种更有实力的大都市，也没有这个资源与能力。发展，应当是逐步的，始终要坚持资源节约型，为后人留出空间；始终要坚持产城相融，共同繁荣，而不能走城市空心化的道路。以上海浦东发展为例，发展一直是逐步在进行的，陆家嘴金融中心与主城区及产业发展结合好，融合度高。1991年8月成立的北京亦庄经开区，一直坚持发展理念，经过30多年的努力，现在已成为北京高科技的聚集中心。

上海临港的开发，是在中央的支持下，举上海市全力新打造的一个新区，其独特的资源、政策与定位，深受国内外投资者的欢迎，产业聚集迅速，特别是临港的新条例，让人耳目一新。

成渝两地一体化的发展，文章如雪片一样，成为专家学者热议的话题，我倒是觉得，对成都而言，关键是要把自己的事办好，要把自己的产业建设好，实力强了，合作才有话语权，合作才有基础，否则又是一场空。

要警惕那些总提新概念、让城市空心化的人，这些炒作虽然能红极一时，抬高房价，但不能长远，到头来可能是一地鸡毛。因为城市与产业的发展有其规律性，要有科学的态度，要量力而行，逐步发展，太急，太快，到处摊大饼，则欲速则不达，而且也破坏了原本很幸福的生活环境，打破了这份应该有的便捷与宁静。

2022 年 2 月 24 日

在大国之间

乌克兰的战火终于打响,普京总统下令打响了俄罗斯在顿巴斯地区的第一枪,现在战火已迅速蔓延至基辅地区,这场战争是在西方与乌克兰关系越来越紧密、对俄罗斯安全危险越来越大的情况下发生的,俄罗斯在北约东扩安全受到危险的情况下的果断反击,是对自身利益的保护,是对美国为首的北约的警告,当然也会得到美国为首的西方国家的严厉"制裁",但"制裁"一直在进行,效果有限。

但美国不会出兵乌克兰。美国总统拜登多次讲话说,无论乌克兰发生什么战火,美国都不会向乌克兰出兵。北约不会出兵乌克兰,北约发言人说因为乌克兰不是北约成员,只是盟友,因此北约不会出兵。其实,就是美国与北约出兵,也是经不起俄罗斯打的,俄罗斯有实力、有准备、有近距离的优势,如果美国与北约出兵,远程而来,将付出很大代价。

在大国之间,中小国家生存的最好准则是中立,谁也别太靠,谁也别得罪,谁的帮助好处都要,谁的利益也别侵犯,和平共处,和谐相处。乌克兰给大家上了现实而又血淋淋的一课,这堂课的代价不小。

远亲不如近邻。邻国的关系是外交中最重要的关系,再好的朋友，如果距离遥远，发生问题求助时，往往无能为力。乌克兰的事件再次说明，美国是靠不住的，北约同样靠不住，这个世界上一切得靠自己。

通过乌克兰事件，中国的一切邻国应该懂得为什么必须与中国长期友好和平相处，近邻的关系最重要，而想利用美国反对中国，只是梦想。乌克兰事件也宣告，台独肯定灰飞烟灭。

虽然乌克兰的事件还在继续，结果还难预料，但最终受伤的必定是俄乌两国，这点没有任何悬念。

2022 年 2 月 25 日

文化，友谊与交流的桥梁

今天早晨收到中菲著名的文化使者、《菲律宾商报》编辑、著名作家温陵氏发来的微信图片，告诉我，今天的《菲律宾商报》刊出了我的《决心，是成功的一半》《在大国之间》两篇文章。

这两篇文章是最近的随感而发、有感而发，文章得到大家的喜爱，得到《菲律宾商报》的厚爱，倍感荣幸，倍感高兴。但这些文章中的一些观点，也只是一家之言、一时之感，或有局限性，因为时局正在快速而复杂地变化，这些文章是当时的感觉，成为历史而无法改变，新的变化，变化快而复杂，无法预测，只能以后让历史注解或用新文补充。

文章，是一个人心里的感受，是作者思想的真实写照，拿起自己的笔，或吟诗朗诵，激情满怀，或文笔涌动，散文飘逸，或触景生情，随笔而出，或挥笔作词，歌曲一首，总是把万千情感付与文笔，让情感波涛澎湃汹涌，让笔底波澜奔腾不息，这就是人生的快乐与写照。

一转眼，今天又是一个龙抬头的好日子，龙抬头后，会好事绵绵，愿战事平息，愿和平永驻，愿人们永远幸福安康，心想事成。

祝中菲文化交流永远不断，祝更多的中国作家作品走向海外。

2022 年 2 月 24 日

全球三大半导体企业

据 2022 年 2 月 11 日中国电子报（记者张心怡）报道，2021 年营收前三名的半导体企业三星、英特尔、SK 海力士接连发布年报。

按照市调机构 Garnter 1 月 19 日发布的测算数据，三星电子 2021 年半导体营收暌违三年回到全球第一，半导体业务总营收 792.5 亿美元，年增 31%。从年报来看，半导体是三星电子 2021 年营收增长最快的业务，存储是三星电子 2021 年营收增长幅度最大的产品。但也需要看到，三星存储业务的营收在 2021 年第四季度已经出现了 7% 的环比下降，原因包括一次性向员工支付的激励基金影响了财务数据、全球半导体供应链问题以及平均售价的下降等。相比之下，代工部门在 2021 年第四季度迎来营收新高。

2021 年，英特尔的营收达到创纪录的 790 亿美元，年增 1%，净利润 199 亿美元，年跌 5%。虽然营收增长不温不火，英特尔在 2021 年的投资策略却相当激进，资本投资达 187 亿美元。其投资重点为扩充芯片制造产能与加速制程技术的发展，以更好地支持 IDM2.0 策略的实施，研发投入也进一步提升至 152 亿美元。

2021 年，全球 DRAM 第二大龙头海力士实现创纪录的年收入。全年营收 355 亿美元，净利润 79.5 亿美元，年增 102%。对于海力士来说，2021 年是产品规格与制程技术持续升级的一年。去年 10 月，海力士开发了业界第一款 HBM3DRAM。HBM3 是第四代高带宽存储技术，由多个垂直连接的 DRAM 芯片组合而成，能够每秒处理 819GB 的数据，相当于能够在一秒内传输 163 部 5GB 的全高清电影。与上一代高带宽存储技术 HBM2E 相比，速度提高了约 78%。

2022 年 2 月 25 日

管 | 理 | 随 | 笔 ❽

和平的重构

俄乌战争爆发后，看到战争给无辜的平民带来不幸，一些平民在战争中丧生，更多的人成为无家可归的难民，往日平静的生活被打乱了，世界人民盼望和平。

但有的时候，和平不能轻易得到，而必须要通过战争手段实现，这说明和平并不会轻易来到我们面前。

以抗美援朝为例，那时中国刚刚结束了为时多年的战争，国内百废待兴，实在不想打这一仗。但美国为首的"联合国军"，侵略朝鲜，把战火烧到鸭绿江边，极大地威胁着新生的中国。伟大领袖毛主席审时度势，以宏大的气魄，力排众议，坚定出兵决心，在毛主席与党中央的英明领导下，中国人民志愿军与朝鲜人民军经过浴血奋战，最终打胜了这场伟大的抗美援朝战争，逼得美、韩不得不回到谈判桌上，几方签署了停战的和平协议。抗美援朝的胜利，为朝鲜赢得了独立的胜利，为中国的社会主义建设赢得了几十年的和平环境。

如今，俄乌战争已开始，但战争终将会结束，美国与北约不会派兵，俄罗斯也不会长久占领乌克兰。

俄罗斯之所以不长驻乌克兰，一是国际舆论的强烈反对；二是经济与军事实力也难以长期支撑；三是全面进攻北约国家，更是没有这个能力了。

对俄罗斯的制裁也不会长久，因为毕竟俄罗斯是世界不可缺少的最重要能源大国之一，截至 2021 年年底俄罗斯已探明天然气储量全球排名第一，共有 37.4 万亿立方米，能源价格与供给深刻影响着经济。

乌克兰也很重要，乌克兰是全球最大的氖气（光刻机"光源"不可或缺的原材料）出口国，其出口的氖气约占全球市场的 70%。

因此俄乌战争涉及各国利益，迟早会结束，战争后，一个更新的格局将通过多方博弈最终逐步形成。

2022 年 2 月 25 日

朝霞满天

今天，成都的天气很好，天气放晴，朝霞满天，给周末的成都带来快乐。

虽然成都还有疫情，但我认为很快就会过去，这方面成都已经有很成熟的经验，疫情不会扩散，成都很快会恢复往日的平静，我们很快就可以正常出差与工作。

朝霞满天，大家都在勇夺开门红。虎年的开门红至关重要，谁也不甘示弱，谁也不敢放松，加油干，新年开新局，新年新气象。

朝霞满天，又是一个新的未来。新的未来，要不尚空谈，要踏实奋进。"幸福，是奋斗出来的"，"成就，是心血换来的"；不断努力，艰辛付出，一定会有回报。

朝霞满天，又是一个新挑战。考验，随时都在；机会，到处都是；危机，充满其间。生活，就是这样，有苦也有甜；机会，就是这样，随处可见。勇者，创造新机会；智者，发现新机会；庸者，放任新机会。

朝霞满天，壮志凌云。我们将努力实现自己的诺言，在高位快速推进，从现在起，用两年时间，再造一个十一科技，这点决心从来没有变过，这个誓言从来没有忘记过，而且决心更大了，虎年将是实现这个梦想的关键一年，大家努力吧。

2022 年 2 月 26 日

面临考验

目前，俄乌战争正在激烈进行，出现胶着状态，俄罗斯面临军事市场、国际舆论、国际金融市场三重严峻挑战与考验。

对俄罗斯来说，能不能尽快结束战争，非常关键，越快结束，结果越有利；对乌克兰来说，能不能撑住，撑的时间越长，筹码就越多。

俄罗斯的 GDP 只有全球的 2%，而美国与西方国家的 GDP 占全球的 50% 以上，经济实力相差太悬殊，长期对抗，俄罗斯的经济会日趋恶化，国内也会出现强烈的反对声。

越快结束战斗，平民的伤亡越少，乌克兰的基础设施与历史文化遗址受破坏程度就越小，国际舆论的谴责就会减少，给谈判留出的空间就越大，俄乌战争就有可能严日画上句号。

无论俄乌战争结果如何，美国都是最大的赢家。俄乌战争后，北约的存在似乎让人觉得更有"必要"了，北约存在的必要也说明了美国在北约领导权的"必要"，美国的领导权巩固了，军火的通道有了，肆意掠夺欧洲资源特别是东欧中小国家资源也成为可能，而动用欧洲力量孤立俄罗斯的目的也达到了。

而乌克兰，特别是乌克兰人民则是最大的受害者。乌克兰在原苏联解体时是仅次于俄罗斯的苏联第二富裕强大的联邦共和国，现在沦落到这个地步，就是几任总统一直往北约靠拢而不谋求中立的结果，成为美国与北约发俄的桥头堡，特别是"演员"泽连斯基的激进言行，更是把乌克兰人民推向无底的深渊。

所以，我们要特别警惕美国，美国在世界各地一直制造麻烦，一刻也没有停止过，过去是，现在是，将来必定还是，因为一旦世界平静了，美国就无机可趁了，就无法证明其存在的必要了。只有乱，美国才显得"重要"；只有乱，才能乱中取胜，只有乱，美国才能保持住日益衰退的主子地位。

2022 年 2 月 27 日

北约及其五次东扩

北大西洋公约组织，简称北约组织或北约，是北美与欧洲国家为实现防卫协作而建立的一个国际军事集团组织，成立于1949年8月24日，总部位于比利时布鲁塞尔。北约拥有大量核武器和常规部队，拥有30个成员国。北约拥有大量核武器和常规部队，是西方的重要军事力量。

截至2020年，北约共30个成员国，这30个成员国是：美国、加拿大、英国、法国、德国、意大利、希腊、荷兰、比利时、卢森堡、西班牙、葡萄牙、土耳其、丹麦、挪威、冰岛、匈牙利、波兰、捷克、斯洛伐克、罗马尼亚、保加利亚、爱沙尼亚、拉脱维亚、立陶宛、斯洛文尼亚、克罗地亚、阿尔巴尼亚、黑山、北马其顿。

北约是二战后西方军事阵营上实现战略同盟的标志，是马歇尔计划在军事领域的延伸和发展，使美国得以控制以德国和法国为首的欧盟防务体系，是美国实现超级大国领导地位的标志，北约拥有最多的核国家。

北约的五次东扩：

第一次东扩：1997年7月，北约接纳波兰、匈牙利和捷克为成员国，并于两年后正式加入，被视为北约首次东扩；

第二次东扩：2004年3月，北约正式让斯洛伐克、斯洛文尼亚、罗马尼亚、保加利亚、立陶宛、拉脱维亚、爱沙尼亚加入。第二次东扩为北约成立以来最大规模的一次扩张，成员国增加至26个，地缘上贯穿南北欧，北约分界线亦向前推进，越过波罗的海，东临黑海。

第三次东扩：2009年4月，南面巴尔干地区的克罗地亚及阿尔巴尼亚已加入北约版图，是为第三次扩张。

第四次东扩：东扩静止数载，俄罗斯于2014年从乌克兰兼并克里米亚后，欧洲边陲小国要求加入北约的声音再起，至2017年6月，黑山共和国成为北约第29个成员国。

第五次东扩：最近一次北约东扩是2020年3月，北马其顿亦正式成为北约一员。

北约通过五次东扩，已经逼近俄罗斯的边界，将形成一个包围圈，加剧了俄罗斯的不安全感，而俄罗斯在2014年兼并本属乌克兰的克里米亚的行为，也加剧了欧洲小国（特别是毗邻俄罗斯的欧洲小国）加入北约的步伐。

危机，就是在这种紧绷的形势下一触即发，俄乌战争就是在这种复杂的背景下爆发，而战争的发展往往步以人的意志为转移。

失去的，不一定能拿得回来，如果一定要拿回来，得看机会，得看趋势，得看自己的准备，更要看自己的实力，否则失去的或许更多。苏联解体，俄罗斯失去很多，但都已既成事实，无法改变，如果一定要改变，一定要拿回来，无论如何是不可能的。胶着状态的俄乌战争就给了人们这样的提醒。战争，虽未结束，但俄罗斯已失去太多，全球范围内广泛一致的制裁，让俄罗斯步入一个最严峻的挑战，这种严峻性从来没有见过。而乌克兰奋力抵抗，已获得全球一致的同情与支持，事情结局正在向不可预测的方向迅速发展。

　　北约，正成为西方世界一支最重要的军事力量，成为美国称霸世界的主要威慑工具，美国之所以在世界上横行霸道，北约是其最重要的后台。北约也是美国与西方世界反对共产主义制度的大本营，是美国制约中国的重要手段。

　　对我们而言，必须树立紧迫感与危机感，全力以赴推动经济与科技发展，只争朝夕地加强国防，力争成为更加强大的国家，以面对美国与北约给我们带来的日益迫近的安全威胁。

2022年3月1日

决心,是成功的一半

很多事,难在难于下决心,一旦下了决心,事情也就成功了一半。"良好的开端,是成功的一半",这就说明了开端的重要性,而没有下决心,就不会有行动,也就没有开端。

难下决心,是因为多重因素的纠结,无法取舍,让你难下决心。在复杂而新鲜的事物面前,你缺乏经验,缺乏敏锐,抓不住关键,拿不出办法,找不到方向,而一旦没有了方向,就没有了目标,就没有了信心,也就没有了下决心的动力。

难下决心,是因为你缺乏主见,容易人云亦云,被人左右。很多时候,你深入不到事物的本质,容易被事情的外表现象所迷惑。由于缺乏清晰的认识,就缺乏主见,容易摇摆,容易被别人的意见所左右。自己的知识、经验、能力、魄力的不足,有时甚至是性格的缺陷,都会让你左右为难,难下这个决心。

难下决心,是因为还没有认识到犹豫与迟疑带来的害处。有时候,往往由于一点点迟疑,就会错过解决问题的最好时机,而要再找回这个时机需要付出更大的代价,等待更长的时间,而且有时候,时机永远都没有了。

下了决心,真正做起来,发现其实解决问题并没有想象的那样困难。有病找医生,有困难找伙伴,没有办法找大家,有问题靠团队，没有市场找市场，没有迈不过去的坎，没有解不了的结，没有解决不了的问题，没有走不开的路。

下了决心，就插上了腾飞的翅膀。

决心大，力无比，有了决心，行动就有方向，团队就有了力量，一路风尘一路顺，海阔天空任鸟飞，困局很快就会扭转，顺利的局面就会产生，一个更加蓬勃的美好未来就会来到。

因此，决心是成功的第一步，决心，是进步的阶梯；决心，是克服困境的动力；决心，是扭转困局的钥匙；决心，是实现转折的关键，该下的决心，一定要下。

2022年3月1日

一切都是自己干出来的

改变，要从自己做起，而不能依靠别人，一切，都得自己干，一切都是自己干出来的，不干，什么都没有。

幸福，是奋斗出来的，自己的幸福，要靠自己创造。幸福，不会从天上掉下来，只能靠自己的奋斗，一切幸福都是自己奋斗出来的。寄托在别人身上的希望，总是渺茫的，总是靠不住的，而自己干出来的，才是可靠的、踏实的、有保障的。

决心，只有自己下，别人无法替你下决心，你也不能替别人下决心。只有下决心，才能有实际的行动；只有下决心，才能有实际的成果；只有下决心，才能播下幸福的种子；只有下决心，才能把计划变成蓝图；只有下决心，才能把梦想变成现实。

选择，只能自己做出。新赛道上风光无限，新赛道也充满危机与风险，要想在急驶的赛道上变换新赛道，风险是很大的，但机会也多，关键是如何把握平稳转轨的机会，这个机会稍纵即逝，抓住这个机会并不容易。

自己干，不依赖别人，立足自己，破除迷信，解放思想，突破框框，取得新突破。自己干，自力更生，瞄准新目标，迈上新台阶。

自己干，干出一个新天地，自己干，干出一个新未来，自己干，干出一个新赛道；自己干，干出一个美好的明天。

2022 年 3 月 1 日

应对美国金融制裁

据新闻报道:"近日,欧盟和美国等西方国家宣布对俄罗斯进行一系列金融制裁,包括将部分俄罗斯银行排除在环球银行间金融通信协会(SWIFT)支付系统外,并对俄央行实施限制措施。

当地时间2月28日,俄罗斯中央银行行长纳比乌琳娜表示,俄国内金融基础设施将"不间断运行",俄央行将采取一切必要措施维持国内金融和价格稳定。

纳比乌琳娜表示,俄罗斯不断发展国内金融基础设施,可以确保其"不间断运行"。俄罗斯已开发可在境内取代SWIFT支付系统的金融信息传输系统(SPFS系统),境外参与者也可与这一系统进行连接。国家支付卡系统目前可以正常处理俄境内支付卡交易业务,受制裁银行发行的国际支付系统卡在俄境内也可正常使用。

纳比乌琳娜称,俄罗斯央行将采取一切必要措施维持金融和价格稳定,将灵活使用各种必要工具。此外,俄央行正在采取一系列措施来限制非居民资本输出,例如暂停证券交易商接受外国投资者出售俄有价证券委托。

美国与西方世界对俄罗斯的金融制裁,给我们上了如此现实而深刻的一课。中国如此庞大的经济体量,如此国际化的市场,一旦出现被美国与西方世界制裁的局面,如果我们没有精心的准备,我们会非常被动。因此，在复杂的国际形势下，我们必须高度认识当前形势的危机，动员起来，早做准备。我们要在金融、科技、军事、核武器、经济、外交、外贸、粮食、能源、储备、城市防空、技术、市场、人才与国际关系等方面，早做准备，多一些预案，要考虑最艰难、最艰苦的情况，让我们永远立于不败之地。

俄乌战争，美国是最大的受益者，俄乌冲突，美国坐山观虎斗，美国乐见俄罗斯陷入乌克兰危机而使其在各方面受益。在美国眼中，经济总量如此小的俄罗斯不是对手，而强大的中国才是他真正的对手。

中国在经济总量、科技发展、国际影响力方面正在稳步而快速地追赶，让美国在世界上第一的宝座位置开始撼动；同时由于历史上的冲突与意识形态的严重对立，特别是美国对台湾问题的严重干预，中美冲突有时有发生的可能，对此，我们必须趁早做好各方面的准备。美国对中国企业不断祭出的杀手，让我们时刻感觉到美国的敌意。

2022 年 3 月 2 日

减少对"苹果链"的依赖

日前,央视发出呼吁,要求中企减少对"苹果产业链"的依赖,这是一个非常中肯的劝告,在当下减少对"苹果链"的依赖,具有多重意义。

无疑,苹果是一个伟大的企业,市值去年一度超过3万亿美元,而3月1日的最新市值是2.66万亿美元。仅去年四季度苹果的营收就达1200亿美元。

苹果以智能手机为入口,将消费者引入苹果建立的生态系统,进一步增加了转换成本。依靠这种形式的业务,苹果可以说赚了很多钱,形成了一条庞大并不断衍生的苹果产业链。这条产业链是很大的一块蛋糕,非常诱人。苹果之所以能不断扩大产业链,是因为它源源不断的创新能力。

2021全球价值500的榜单中,苹果排名第一,亚马逊、谷歌和微软都已经不是它的对手了。苹果已经成长为世界上最有价值的科技公司。

苹果的成功离不开中国市场的支持。中国是苹果最重要的市场之一。多年来,苹果在中国的收入占总收入的五分之一。去年,苹果大中华区实现了连续四次超过50%的年收入增长。去年第三季度,仅苹果在中国的收入就达147.6亿美元,约960亿元人民币,同比增长58%,居世界首位。对于中国市场,库克曾表示:中国消费者不仅对 iPhone 保持着高度的购买热情，而且苹果家居、配件、可穿戴设备和其他产品在中国市场的销量也创下纪录。

对于苹果的发展，目前国内还没有限制，国内有一大批苹果的忠实粉丝，他们喜爱苹果的产品，国内也有一些如立讯精密、比亚迪、京东方、蓝思科技等重要企业都是苹果重要的供应商。

但无论是从规避市场风险或从中美关系的不稳定因素考虑，我们都不能对"苹果链"有过多的依赖。

以欧菲光为例：去年 10 月 13 日晚间，欧菲光（002456.SZ）公布 2021 年前三季度业绩预告显示，预计归属于上市公司股东的净利润亏损 2400 万元～3600 万元，同比下降 103.25%～104.87%。其中，第三季度预计亏损 5800 万元～7000 万元，同比下降 124.49%～129.56%。

欧菲光业绩的大幅下滑，无疑是被苹果"踢群"后带来深远影响的体现。此前作为苹果手机摄像头模组等产品的供应商，据其财报显示，2019 年和 2020 年，苹果订单占该公司的营收比例分别为 22.51% 和 30%，对应收入分别为 117 亿元和 145 亿元，分别为当年的第二和第一大客户。在此次公告中欧菲光亦解释称，2021 年 1-9 月净利润同比降幅较大的主要原因是受境外特定客户终止采购关系的影响，公司第三季度与特定客户相关的产品出货量为 0，同比下降 100%。

以蓝思科技为例："果链"巨头蓝思科技（300433.SZ）公布，业绩大降，去年四季度亏 12 亿元，股价跌 64%，市值蒸发约 1300 亿元。

业绩快报显示，2021 年蓝思科技实现营业总收入 452.86 亿元，同比增长 22.6%，实现归属于上市股东的净利润 20.88 亿元，同比下降 57.36%。

蓝思科技与苹果公司渊源颇深。早在初代 iPhone 上市之时，蓝思科技就以玻璃屏幕供应商的身份，成功切入苹果产业链。彼时，公司因"果链"的光环而备受资本追捧，一度表现出了良好的成长性。虽然苹果让蓝思科技登上了巅峰，但患上"苹果依赖症"的蓝思科技，在近几年也受尽了苹果带来的困扰，这一点从业绩上表现得尤为明显。其业绩波动非常大，宛如"过山车"一般。2017 年，随着苹果手机的大卖，蓝思科技业绩暴增，当年营收达到 237 亿元，同比增长 55.57%，净利润达到 20.47 亿元，同比增长 70.07%；而到 2018 年，随着电子消费行业进入低迷期，加上苹果手机销量下滑，蓝思科技业绩大变脸，当年实现营收 277.2 亿元，同比增长 16.94%；实现净利润 6.37 亿元，同比大幅下滑 68.88%。玻璃.主材和抛光料等原材料的成本上涨，还有规模扩张带来的运营成本和人力成本，都对蓝思科技的盈利能力造成了明显影响。

中美关系的不确定性，增加了我们对美国公司依赖的风险，对"苹果链"以及其他美国大公司的过分依赖，会带来严重风险与不利后果。

2022 年 3 月 2 日

管│理│随│笔 ❽

经济战会演变成真正的战争

新闻报道：梅德韦杰夫3月1日发推文称，"有位法国部长今天说，他们宣布向我们发起经济战。请各位注意自己的言论！也请不要忘记，人类历史上经济战经常会演变为真正的战争。"

近日，针对俄罗斯对乌克兰的特别军事行动，美国、英国、加拿大、日本以及欧盟等宣布对俄罗斯实施制裁，包括将部分俄罗斯银行排除出环球银行间金融通信协会（SWIFT）支付系统，对俄罗斯关闭领空、禁止今日俄罗斯和卫星通讯社的新闻信息产品在欧盟落地和传播等。

俄罗斯联邦安全会议副主席梅德韦杰夫2月26日表示，对俄制裁是（西方）中断（同俄方）战略安全对话的借口，这些制裁"什么也改变不了"。他还说，（西方）对俄公民和在海外俄企实施的资产扣押制裁，俄方将对等回应。

经济、领土、种族、信仰、历史问题等纠纷都是引发战争的根源。世界范围内的制裁，必将把俄罗斯逼向绝境，逼急了，无法生存了，俄罗斯就会动用强大的核力量对寸，世界面临第三次世界大战的危险与可能，强大的核战争最终会使大家"同归于尽"，谁也别指望幸免。

因此，鼓励进行俄乌谈判，把战争控制在有限范围内。美国不要在背后再扇风点火,唯恐天下不乱。把俄罗斯逼急了,把俄罗斯排除经济体之外,对世界经济没有好处,俄罗斯是巨大的能源生产国与资源国,在世界各个领域都有突出作用,世界经济是一体的,谁也离不开谁,孤立俄罗斯,世界得不到什么好处。

因此,鼓励进行俄乌谈判,把未来规划好。把矛盾冲突控制在一定范围内,不让俄乌边界成为战争的弹药桶,而成为和睦相处的和平边界,让俄罗斯与乌克兰重回当年曾经拥有的美好生活。

2022 年 3 月 2 日

联合国说,气候危害"不可逆转"

2022年3月2日《环球时报》报道(刘晧然),联合国政府气候变化专门委员会(IPCC)2月28日发布名为《气候变化2022:影响、适应和脆弱性》的评估报告。

该报告警告称,全球变暖造成的气候危害不可逆转,各国必须立即行动起来,"拖延意味着死亡"。

美国有线电视新闻网3月1日报道称,该报告指出,气候变化正在改变地球上的所有生命,除非全球变暖大幅放缓,否则数十亿人和其他物种将无法适应地球生活。

这项基于数百名科学家的研究结果发现,人为导致的气候变化影响比此前认为的都大,且这些影响发生的进度更快、破坏性更大、范围也比预期更广。联合国秘书长古特雷斯称这份报告是"人类苦难的地图集,是对气候变化领导不力的谴责。"他警告称:"推延意味着死亡。"

报告显示,如果人类不在现阶段严格限制碳排放量,洪涝灾害、庄稼歉收、水资源枯竭、湿地雨林退减等现象在未来数十年将显著增加,疾病传播速度也会进一步加快,形势十分严峻。

几十年来,科学家们一直呼吁,全球气温上升幅度需要控制在1.5摄氏度以内。IPCC的最新报告称,如果打破这一"临界点",

气候变化带来的危害在数百年内不可逆转。即使给地球降温，有些危害也是永久性的。据保守估计，全球气温目前已上升了 1.1 摄氏度。如果未来突破 1.5 摄氏度，那么 14% 的物种将面临高灭绝风险；若是达到 4 摄氏度，将会有一半生物受到灭绝威胁。

2022 年 3 月 2 日

管 | 理 | 随 | 笔 ❽

俄乌结盟的三百年

2022年3月2日《环球时报》特约记者傅涞发表专题文章《"结盟"三百年，剪不断理还乱》，现摘要如下：

文章说，俄罗斯与乌克兰的"结盟"可以从1654年讲起，这一年，沙皇俄国与盖特曼政权签署了《佩列亚斯拉夫协定》。当时盖特曼政权由盖特曼·鲍格丹·赫梅尼茨基领导，他从1648年起率领民族起义，试图脱离波兰立陶宛王国的统治，并先后向土耳其、苏丹和沙皇请求支援，与波兰人谈判破裂后，沙皇俄国向盖特曼伸出援手。

文章说，《佩列亚斯拉夫协定》实际承认了盖特曼控制的地区拥有自己的领土（基辅辖区、布拉茨拉夫辖区、切尔尼戈夫辖区以及沃伦辖区的一部分）、行政管理系统、军队、外交权等。乌克兰人在与俄罗斯在与"莫斯科同盟"关系中找到了对其自身的庇护和保障，但纵观后面发生的一系列事件，很难说他们真正取得了"自主"地位。

文章说，与盖特曼政权达成"同盟"后，俄国与波兰之间爆发了长达13年的战争，直到1667年。俄罗斯总统普京在去年发表的一篇关于其"乌克兰观"的长文中写到，根据俄波1686年签署的《永久和平条约》，基辅和第聂伯河左岸地区归俄国，包括波尔塔瓦地区、切尔尼戈夫地区和扎波罗热,这些领土被称为"小俄罗斯"。第聂伯河右岸的西乌克兰和白俄罗斯则归波兰。自此,俄国拥有了通往欧洲的出海口,开始越来越多地接受欧洲文化。

文章说,18世纪下叶,俄国借波兰中央政权衰弱之时联合普鲁士王国和奥地利大公国瓜分波兰,第聂伯河右岸大部分地区成为俄领土。到18世纪末,90%的乌克兰人居住在俄国疆域内。

文章说,彼得大帝在统治时期专门组建了小俄罗斯部,取消了乌克兰的自治权,按照俄社会模式、价值观念、语言文化等构建乌社会,确立俄语的官方地位,并在宗教领域进行同化。1917年,俄国爆发"二月革命",部分乌克兰人趁机成立政权,向德国提供粮食,请求德国派军入驻。却没有想到德国进入后直接把他们赶下台,建立了一个傀儡政府。后来苏俄红军夺回了乌克兰。

文章说,1922年苏联成立,乌克兰作为第一批四个加盟共和国之一并入苏联。此后双方继续在政治、经济、文化等领域相互融合、相互影响,这种长期形成的盘根错节的利益关系并不会因为苏联解体而中止。在俄罗斯眼里,乌克兰不仅是重要的经济伙伴,更是与其自身战略利益直接相关联。苏联解体后。欧洲形成了新的安全架构,东欧地区被俄罗斯纳入自身战略利益范围,而乌克兰的地位尤其重要——俄输往中东欧国家的天然气、石油管道经过乌克兰,也就是说,后者在一定程度上掌握着俄的"生命线"。要想保持巴尔干、地中海、黑海等地区的力量存在和影响力,俄罗斯需要乌克兰。若两国关系良好,俄能达到自身战略目标,反之其重要利益将受到损害。

文章说,"乌俄拥有共同的起源,算是存在一种亲缘关系,但基辅罗斯的辉煌历史是属于乌克兰的，只因经过后来各方势力扩张以及你争我抢的漫长过程才形成当前的格局。"乌克兰一名中学俄语老师曾在与《环球时报》记者的交谈中这样谈及乌俄之间的恩怨情仇。她认为，在苏联时期，乌克兰做出的贡献是其他加盟共和国难以企及的，但苏联给乌造成的伤痛很大。或许，怀有类似想法的乌克兰人不在少数。

文章说，"乌克兰是苏联的支柱之一"。美国"外交学会"网站在去年12学的文章中说，在苏联时期，乌克兰的人口与实力仅次于俄罗斯，包揽大部分农业生产和国防工业，是重要的军训基地，甚至有核武器。

文章说，乌克兰拥有"欧洲粮仓"之称，国土面积为60.37万平方公里，其中40万平方公里为平原，肥沃的黑土地占世界黑土地总量的1/4。根据2021年乌克兰农作物产量数据，该国在全球占比超过3%的作物包括大麦、小麦、玉米、葵花子等。乌克兰是世界葵花子第一大生产国。

文章说，目前备受国际舆论关注的顿巴斯地区曾是苏联的西部工业中心，其煤炭总产量高居联盟首位，冶金、电力、化工、机械制造也都非常发达。

文章说，二战结束后，更多的俄罗斯人涌入顿巴斯地区，当地文化受到冲击。到1989年，只有1%至2%的顿涅茨克学生使用乌克兰语，俄语在地方电视台和出版社几乎占垄断地位。在一些乌克兰人看来，这种"俄罗斯化"是人为的，是存在于一两代人的"暂时现象"，独立后，应该改变这种情况。但在俄罗斯以及乌东部亲俄人群中有另外一种历史叙述。他们认为，俄罗斯人是最先到达这一地区的民族。但另有人称，这里自古以来是多民族居住地。

　　文章说，为纪念俄乌"结盟"300周年，苏联领导人赫鲁晓夫于1954年将克里米亚划归乌克兰。苏联解体（1991年）后，克里米亚以自治区共和国的身份成为乌克兰的一部分，直到2014年。克里米亚半岛之所以被重视，首先是因为其得天独厚的地理位置。它面临黑海，东扼亚速海，面积2.7万平方公里，2014年前后，俄罗斯族人占近60%。对俄罗斯而言，克里米亚是重要的出海口，也是非常重要的战略支撑点，被称为"永不沉没的航母"。

2022年3月3日

苏联解体，俄乌渐行渐远 30 年

2022 年 3 月 3 日《环球时报》发表《苏联解体，俄乌渐行渐远 30 年》（张浩、谷棣）。

文章说，俄总统普京 2021 年 7 月 12 日在署名文章《论俄罗斯人和乌克兰人的历史统一》中写道："我相信，只有在与俄罗斯的伙伴关系中，乌克兰才有可能获取真正的主权……我们的亲属关系已代代相传，它存在于生活在现代俄罗斯和乌克兰的人们的心中和记忆中，存在于将我们数百万家庭联系在一起的血缘关系中。"看得出，苏联解体后，俄罗斯还是想告诉乌克兰："我们一直在一起，并将在未来更强大、更成功。"

文章说，20 世纪 90 年代叶利钦执政时期，俄驻乌大使都是由职业外交官担任，无论是级别还是影响力都很有限。真正将经略乌克兰提上日程的是成为俄总统的普京，他 2001 年任命重量级政治家、前总理切尔诺梅尔金担任驻乌大使及负责俄乌经济合作事务的总统特别代表。普京告诉切尔诺梅尔金，"请不要拒绝，这对你来说，或许显得过低甚至无法接受，但对国家来说却是非常重要的。"

文章说，2001 年 11 月 16 日，乌时任外交部国务秘书谢尔盖耶夫宣布，在耗时 4 年之后，乌俄两国陆上勘界工作结束——根据已达成的协议，两国陆上边界长 2063 公里，是"沿着苏联时期乌俄两个加盟共和国的行政区划来界定"。俄方领导人当时称："我们不仅在克里米亚问题上迎合乌克兰，在亚速海和刻赤海峡的划界上也是。我们为什么会这么做？因为俄乌关系对我们是最重要的，它不能因为领土问题而陷入疆局。"此外，从苏联解体到 2014 年俄乌冲突爆发前的这一时期，两国经济往来也很正常。从 1991 年到 2013 年，仅凭借俄罗斯低廉的天然气价格，乌克兰就"节省 820 多亿美元的财政预算"。

文章说，但正是 2013 年国内的政治风云突变，让俄乌关系日渐疏远。到了 2019 年 2 月 7 日，乌克兰将"加入欧盟和北约作为国家战略目标"写入宪法，到底是什么原因让其铁了心要向西而去呢？

文章说，从乌官方媒体和民间自媒体的报道看，当下这场这场战争让乌克兰国内展现出高度的国家认同和民族认同。毕竟独立以来，乌克兰人在《乌克兰仍在人间》的旋律中走向"三十而立"。2021 年 7 月，乌权威民调机构 Rating 在对本国不同地区 2 万名 16 岁以上受访者做的民调结果显示，1991 年以后出生的一代乌克兰人对国家独立的支持率最高，达到 87%。

文章说，这一代人还见证了一些亲西方的乌克兰政治人物导演的两次"颜色革命"。第一次是 2004 年末爆发的"橙色革命"。满怀民主热情的乌克兰人挤满基辅的街道与广场，要求公平的选举。最终选出尤先科这位承诺要将国家从腐败中拯救出来，并准备带领乌克兰投入欧洲怀抱的新总统。尤先科在 5 年任期内遭遇严重的政治危机，由于亲美与对俄不妥协，导致任内乌俄关系紧张，俄多次切断天然气作威胁。第二次是在 2013 年末的"广场革命"。当时数以万计的乌克兰人在基辅市中心的迈丹广场抗议亚努科维奇总统宣布暂停签署与欧盟的联系国协定。最终，反对派"抢班夺权"，亚努科维奇外逃俄罗斯，亲西方的乌克兰民族主义再次壮大。

文章说，2014 年 3 月 21 日，普京在克里姆林宫叶卡捷琳娜大厅签署了克里米亚和塞瓦斯托波尔加入俄罗斯联邦的文件。俄在克里米亚的归属问题上的立场十分明确：那就是克里米亚是俄"历史领土"，如果乌对俄友好，其归属尚且不是问题；如果乌克兰想要弃俄而去，转投北约阵营，那俄必须出手及时"止损"，克里米亚不能跟着一起走！俄方动作之快和手段之强硬令西方国家始料未及。乌克兰当时不仅失去了克里米亚，还基本失去了处于亲俄武装控制下的乌东部顿涅茨克和卢甘斯克的部分地区。俄乌关系至此深陷僵局。截至 2021 年年末，7 年的俄乌冲突造成 13000 多人死亡，其中包括 3000 多名平民，数万人受伤，约 150 万人被迫流离失所。

2022 年 3 月 3 日

关键,要有自己的硬实力

在俄乌战争的关键时刻,世界一片制裁声,美国成功地推动了欧洲的空前团结,而这个团结是以美国为核心的,这说明欧洲与西方更离不开美国了。美国,一方面收获着欧洲的"信任",尤其是欧洲的中小国,更把美国看成是生存的救世主;另一方面,美国的军火生意彻底火了,涉及军火的股票一路狂涨,美国政商勾结的军工利益集团赚得盆满钵满,美国坐山观虎斗,坐享其成。

可以预见,一旦俄乌战争平息后,北约的军费支出会狂涨,拜登肯定"乐坏了",而且美国很快会拿台湾说事,实际上即使在俄乌战争期间,蓬佩奥还是串到了台湾,故意扇风点火,制造事端。

"树欲静而风不止",历史是这样,现实也是这样,我们的外交要面临更加复杂的局面,需要更多地出面斡旋,争取更多的朋友,最大限度地孤立美国。台湾问题、钓鱼岛等,都是美日与西方对准我们的借口,其实质还是要阻止中国的发展,让我们成为永远的老二,永远听任这个老大的摆布。

"丢掉幻想,准备斗争",这是毛主席当年的忠告,直到现在仍然闪耀着智慧的光芒。对美国,千万别抱任何幻想,过去是,现在是,以后也是。一定要把我们的硬实力搞上去,要集中国力解决"卡脖子"工程,要加强军备,要全民皆兵,要用一切努力捍卫我们的幸福与成果。

  能否太平，实力是关键的，特别是硬实力决定一切。强大的国防，发达的经济，广泛的朋友，铜墙铁壁的钢铁长城永远是我们的胜利之本，在强大的实力面前，美国也不敢轻举妄动的。

  我们要珍惜与抓住当前难得的好时机，争取把硬实力提到一个更高的高度，随时准备着应付一切可能突发的情况。

2022 年 3 月 4 日

又是一年龙抬头

今天又是龙抬头的日子，龙抬头（农历二月二日），又称春耕节、农事节、青龙节、春龙节等。在农耕文化中，"龙抬头"标志着阳气生发，雨水增多，万物生机盎然，春耕由此开始。自古以来人们亦将龙抬头日作为一个祈求风调雨顺、驱邪攘灾、纳祥转运的日子。"龙抬头"成为全国性节日并出现在文献上记载是在元代之后。

去年龙抬头，我写了一篇《龙抬头》，在平台上发布后，阅读量很高。一年飞逝，过得很快。

2016年3月10日那天，在巩义参加龙抬头的仪式至今已有6年了，那时我们在巩义开始投资一个40兆瓦的光伏电站，巩义从此成为我们新的家，一个永远牵挂的家。

记得那一天，巩义天气晴朗，阳光灿烂，充满着春天复苏的景象，蓬勃的春天就要到了，万物复苏得很快。我在亚涛、陈昌、明石等同志的陪同下，来到宋太祖赵匡胤的陵墓前，出席了世界赵氏宗亲会的一个仪式，因为宋代的七帝八陵都在巩义，以宋太祖赵匡胤为首的宋代皇帝陵都在巩义，这里自然成了赵氏家族的荣耀与发源地，这里每年都在龙抬头搞赵氏宗亲的祭祖仪式，来自世界各地的赵氏宗亲都会派代表来参加，我作为赵氏后代，很荣幸出席这个祭祖仪式。由于亚涛的陪同，我享受了一些特别礼遇，在来自世界各地如此众多的赵氏宗亲中，我第一个参拜，这让我受宠若惊，这个活动成为我一生非常难得的经历，成为一个永恒的回忆。

一晃，6年过去了，时光穿梭，人事变迁，当年在巩义的领导与朋友几经变化，熟悉的面孔正在变少，新的朋友正在增多，我们在巩义的事业发展也有曲折，但在各级领导的关怀下，仍在健康发展。

巩义是座美丽的城市，给我们留下了美好回忆与难忘时光，这些快乐而难忘的时光不会消失，会永远留在我们的美好记忆中。巩义这座历史名城，因杜甫故里、宋帝皇陵、康百万、慈云寺等历史名胜而享誉中外，更因美丽的自然风光而引人前往，同样巩义充满活力的城市发展同样成为一个亮点。

我们在巩义的40兆光伏电站虽经郑州特大水灾的冲击，受到影响，但修复后依旧发电强劲，恢复原样，这蓬勃的电流为双碳经济助力，为巩义经济添彩，为十一科技壮威。

适当的时机，我们还会加快在巩义的发展。新的形势在不断变化，新的形式也在不断出现，一切都在变化中，不变的是对我们巩义那颗真诚的爱心，不变的是我们对巩义领导与朋友们的真诚友谊与感恩之心，不变的是巩义光伏大道上那些闪光的足迹与美好的回忆，不变的是北岭电站与将军岭上时时发出的清洁能源。

2022年3月4日

400 岁的莫里哀

3月4日,《环球时报》(高山)报道,作品进课本家喻户晓,文风很犀利影响至今,400 岁的莫里哀在法国"无处不在"。

文章说,莫里哀是法国著名剧作家、戏剧导演、演员,2022年1月15日是他诞辰 400 周年纪念日。400 年来,法国社会风云变幻,政体一再变更,唯有莫里哀,却被从国王到城市劳动阶层、从极左派到极右派,从巴黎人到外省人、从马克思主义者到法国民族主义者的各色人等所喜爱。莫里哀作品对法国社会的方方面面都产生了深刻影响,法国 24 电视台的概括言简意赅:法语就是法国人口中的"莫里哀的语言",而莫里哀的作品就是法国文化的核心部分。

文章说,莫里哀是属于整个法国的,自 1871 年起,每个版本的法国中小学课本中都收录莫里哀作品,这让他的名字和作品在法国无人不晓。莫里哀"400 年不朽"最生动的注脚是被称作"莫里哀之家"的法兰西喜剧院。1680 年,法国国王路易十四决定将莫里哀剧团和另一个剧团合并,成立了法兰西喜剧院。自那以后,这个世界上最古老的、仍然在正常演出的剧团每年都会定期上演莫里哀喜剧。自 1799 年起,"莫里哀之家"就一直设在法国皇宫附近的黎塞留厅,这里距离莫里哀长期居住及去世的地方仅几步之遥。

文章说,"莫里哀之家"几乎处处留有莫里哀的痕迹,大厅里安放着 400 年来最著名的剧作家、导演和演员的半身像,莫里哀赫然占据"C"位,一代又一代演员流行着触摸莫里哀的"风俗习惯",并坚信这会给他们带来好运;大厅的展示柜里安放些一把古色古香的木质扶手椅,1673 年 2 月 17 日,莫里哀在其人生最后一场舞台表演中出演《无病呻吟》时,正是坐在这把椅子上面对观众露出痛苦表情,当晚就与世长辞,这把珍贵的椅子被作为道具一直使用到 1879 年,法兰西喜剧院博物馆长兼档案管理员圣胡安表示,这是莫里哀留给该博物馆唯一的镇馆之宝。"莫里哀之家"300 多年积攒 5 万套服装。

文章说,不久前法国总统马克龙拒绝了巴黎市长伊达尔戈等人提出的将莫里哀遗骸移入先贤祠的申请,理由是"先贤祠是启蒙运动的象征,只有捍卫共和国及其理想者才能入内",莫里哀死于法国第一共和国诞生之前,因此"不得入内"。

2022 年 3 月 4 日

桃花依旧笑春风

春天已经开始来到,桃花盛开,梨花烂漫,樱花也快了。太太前天与朋友们出去拍照,成都到处盛开着烂漫鲜花,照片中处处呈现出美的气息,充满着青春的记忆,因此我给这个群命名为"青春驿站",表明她们的青春与美丽的春天同在,她们的活力与春天同样蓬勃。

记得去年樱花盛开时的3月28日,我们曾经在无锡鼋头渚有过一次难忘的聚会。那一天天气晴朗,阳光灿烂,美丽的鼋头渚分外妖娆,盛开的樱花漫天飞舞,鼋头渚人山人海,那一天游客创10万人的历史纪录,正是盛况空前,令人难忘,让人感动。

我当时写下的关于樱花与春天的诗,后来经著名作曲家彭涛作曲,变成了三首歌,这三首歌是《樱花美》《樱花年年开不败》《春来了》,这三首歌现在已深受大家的喜爱,广为流传,也成为我们心中的永恒记忆。

一年过去了,人事与形势都发生了很大的变化,新老交替在悄然而快速地进行着,疫情变得更加复杂,由于俄乌战争的爆发,使国际形势变得更加严峻,这种复杂的形势使我们刚刚在冬奥会上收获的喜悦顿时荡然无存,每天都在关注俄乌战争形势,祈祷早日促成和平,成为我们的急切心愿。

一年过去了，春天没有变，发展在继续。春天的浪漫不会因为人们的烦恼而放慢脚步，自然的变化、四季的交替一直在按照它自有的规律进行，世界的发展也不会因为局部冲突而停止。世界格局的变化是矛盾在长时间积累演变的结果，冲突是不以人的意志为转移的，新格局使阵线更加分明，使人们更有准备，也不是什么坏事。制裁，伤及别人，也必定伤及自己，杀敌一千，自损八百，这是一条规律，这个世界上，谁也离不开谁，和平共处，才是正道。

　　一年过去了，我们收获着累累硕果，这硕果包括着成功的喜悦与失败的教训，成功给了我们信心，而失败给了我们警示，重要的是我们在发展中收获了成长，而"发展是硬道理"，这句千古名言是小平同志的经典，是判断事物的唯一标准。

　　一年来，我们收获着成长，收获着喜悦，也收获着成长中的烦恼，日子就这么一天天过去，但突然回首，发现成长是快速的，硕果是丰硕的，一年时间没有虚度，做成了不少事，很值得，找到了"归宿"，真是有种"蓦然回首，那人却在灯火阑珊处"的感觉。

　　唐朝诗人崔护的一首诗，诗名是《题都城南庄》："去年今日此门中，人面桃花相映红。人面不知何处去，桃花依旧笑春风。"不论老友，还是新朋，都在变化中，而不变的是我们的友情，不变的是心中的春风，不变的永远的笑脸，不变的是这颗蓬勃的心，不变的是每年都要来到的美丽春天。

　　春天来了，百花盛开，万紫千红，自然界无限美丽，让我们忘却烦恼吧，热情拥抱这美丽的春天吧，拥抱这生命的春天吧！

2022 年 3 月 5 日

今天，阳光灿烂

今天是周末，成都阳光灿烂，虽然仍然有雾，但阳光还是透过云雾温暖着初春的大地。

阳光灿烂的日子，心情就好。躺在家中的沙发上，温暖的阳光照进屋内，屋里充满阳光。从窗外望去，是城市矗立的大厦与高耸入云的城市电视塔，这时杜甫的"安得广厦千万间，大庇天下寒士俱欢颜"的诗句在耳边响起，我在思考一个问题，如果杜甫还活在世上，他该用怎样更美好的语言赞美如今的盛世？因为在如今强盛的中国，"安得广厦千万间"早已成为现实，而更加富裕和丰富的生活也已来到，这些更美好的描述，杜甫无法看到，也无能为力，只有靠我们新一代的人来书写了。

阳光灿烂的日子，心情就美。上午有事去院，事后，与何平同志在光河同志的陪同下，一起全面察看了院家属区正在全面安装的室外电梯工程，看到一个个室外电梯工程在克服困难与阻力中拔地而起，正在紧张安装之中，心中充满喜悦之情。老同志对安装电梯的愿望如此迫切，电梯安装之后又带来如此便捷，我深信这是一项得民心、顺民意、便民行的重大惠民幸福工程，我们必须克服困难、全力支持加快推进。正在安装的室外电梯很快要收尾了，而家属区外的广场花园的花开始吐蕊了，草地开始变绿了，樱花树林烂漫的樱花，把广场花园打扮得更美，如此美好的环境，住在家属区的人们与在十一科技大厦的员工与租户，该是多么惬意啊！

阳光灿烂的日子，是享受，是思考，也是迎接新开始的准备。周一上班，我们就要布署新的行动计划了，新的行动计划将推动年度新目标的实施，这两个月战报催人奋进，鼓舞人心，李白的"长风破浪会有时，直挂云帆济沧海"是鼓舞我们前进的号角，我们不会停止前进的步伐，因为一切都还在路上，目标远没有达到，我们不能半途而废，"革命尚未成功，同志仍需努力"，"终有惊涛骇浪，亦能直挂云帆"，在成都的疫情缓解后，等着我们的又是新一轮的繁忙。

阳光灿烂的日子，是新朋老友相逢的日子，以茶代酒，以诗会友，以文会友，给周末带来新的乐趣。在成都，阳光灿烂的日子并不多见，但也足矣。

2022 年 3 月 5 日

天生我材必有用

将进酒

[唐代]李白

君不见黄河之水天上来,奔流到海不复回。

君不见高堂明镜悲白发,朝如青丝暮成雪。

人生得意须尽欢,莫使金樽空对月。

天生我材必有用,千金散尽还复来。

烹羊宰牛且为乐,会须一饮三百杯。

岑夫子,丹丘生,将进酒,杯莫停。

与君歌一曲,请君为我倾耳听。

钟鼓馔玉不足贵,但愿长醉不愿醒。

古来圣贤皆寂寞,惟有饮者留其名。

陈王昔时宴平乐,斗酒十千恣欢谑。

主人何为言少钱,径须沽取对君酌。

五花马、千金裘,呼儿将出换美酒,与尔同销万古愁。

李白在"赐金放还"后的第四次漫游期间,李白和众多友人在山山水水中诗酒流连,写下了许多名篇,如《将进酒》是一首李白极高水平的代表作,这首《将进酒》和《梦游天姥吟留别》《蜀道难》等都是李白充满豪情壮志的名篇。

天生我材必有用，是对自己的一种信心。李白虽然一生坎坷，从政壮志未酬，但生活给了他另外的安排，让他成为中国历史上最伟大的诗人。李白的诗飘逸豪迈、不拘一格，杜甫赞誉他"笔落惊风雨，诗成泣鬼神。他的《蜀道难》，让贺知章由衷地赞叹，赞誉他是"谪仙人"。因此，后世便以"诗仙"称之。

天生我材必有用，是我们一生的追求。搞好人生规划，定好人生目标，做好人生安排，准确进行人生定位，脚踏实地地奋斗，坚韧不拔地努力，总有一天梦想会实现，总有一天自己的才能会被社会接受，自己努力的成果会放射出夺目的光辉，生命的价值就得到充分的释放，真正实现了"天生我材必有用"的目标。

天生我材必有用，是一个长期坚持的过程。在这个过程中要调整，不要动摇；要坚定，不要见异思迁；要经得起风浪，不要随风而摆；要奋不顾身，不要三心二意。只有朝一个目标持续努力，才能实现"天生我材必有用"的目标。

一切伟大，都是努力的结果；一切成功，都是趁势而为的成果；一切人才，都有千锤百炼的过程；一切辉煌，都在平淡的生活中练就；一切经典，都用生命写就。

2022 年 3 月 6 日

经典永流传

赠去婢

［唐］崔郊

公子王孙逐后尘，绿珠垂泪滴罗巾。
侯门一入深如海，从此萧郎是路人。

唐末范摅所撰笔记《云溪友议》中记载了这样一个故事：唐代元和年间，秀才崔郊寓居在襄州（今襄樊）姑母家。姑家婢女姿容秀丽，是当地出名的美女，崔郊后与婢女互生爱恋，但姑母由于家境原因，不久将婢女卖给襄州司空于頔(Di)。

爱情并未就此终结。崔郊对婢女念念不忘，寒食节那天，他在司空府邸外终于等到外出的恋人，两人百感交集。崔郊写下诗文抒发胸臆："公子王孙逐后尘，绿珠垂泪滴罗巾。侯门一入深如海，从此萧郎是路人。"于頔后来读到此诗，召来崔郊将婢女领去并赠予万贯，成就了这段姻缘，传为诗坛佳话。

虽然唐诗中只收录了崔郊的这一首诗，但由于这首诗的意境及背后的真实动人故事，还是打动了万千读者，崔郊的这首《赠去婢》诗篇在经历1000多年的历史风雨后，仍然放射出夺目的光辉。

诗，之所以能流传，是因为诗句说出了大家的心声，以情动人。"候门一入深似海，从此萧郎是路人。"这两句经典的诗句，写出了崔郊的真实情感，写出了崔郊的迫切心愿。同时，这两句诗也将世上已经上演与正在上演的众多爱情悲剧，高度浓缩，成为人们寄托爱情相思的代名词。

诗，之所以能流传，还在于诗句的经典性。"公子王孙逐后尘，绿珠垂泪滴罗巾。候门一入深如海，从此萧郎是路人。"这四句诗，并不长，但前后相接，一气呵成，意境深远，情感真切，打动人，是经典，能流传。

因此借用唐代著名诗人刘禹锡的"山不在高，有仙则名。水不在深，有龙则灵"的诗句说明，诗，不在华丽，真情动人长存。词，不在多，经典永流传。崔郊的这一首诗成为千古流传的经典，值得我们学习，值得我们思考。

2022 年 3 月 6 日

破冰,总是如此艰难

破冰,是一个非常非常艰难的过程,是一场空前的攻坚战,是一场关乎生死的大决战。

因为破冰是在走前无古人的路,在开辟从来没有过的新的事业,会遇到来自各方面巨大的阻力,会遇到极限的挑战,给破冰带来极大的困难。

破冰的艰难,首先是认识上的分歧。破冰的难度大,付出的代价大,能否成功,没有足够的把握。在破冰方面没有形成充分的共识,在认识上产生分歧,往往使力量分散,行动不坚定,出现摇摆,最后使破冰行动半途而废。因此必须要提高对破冰意义的认识,只有破冰,才能开辟新的道路,而迟迟不能破冰,必将使冰层更厚,增加了再破冰的难度,而不破冰,则无开辟新道路的可能。

破冰的艰难,在于破冰的难度之大,超出想象。"冰冻三尺非一日之寒",要击破坚硬的冰层,冰层的阻力极大,并非易事,如果没有勇敢大无畏的开拓精神,如果没有集结强大的力量,如果没有精准地对准破冰点,如果没有破冰的科学方法,没有那种非达目地誓不罢休的坚强决心与钢铁般的意志,是破不了冰的,是不可能完成破冰任务的。在破冰过程中,要面临一系列、全方位、新的严峻考验,必须要有多种破冰预案,不断增加破冰力量,不断调整破冰方案，加快推进破冰行动，务实推进，务求攻克，不达目的决不收兵，一定要使破冰成功。

破冰，是开创新的伟业。开创伟业，是前无古人的事，是在走前人从来没有走过的路，因此事业壮丽而辉煌，过程艰难而曲折。我们要行千里路，翻万重山，就像万里长征一样，只要战略方向正确，我们就要坚持到底，要努力战胜破冰路上的种种险阻，胜利到达目的地。

破冰，开辟新的航道。破冰，为我们开辟了新的航道，新的航道是转型的航道，这是光明的新航线，这个新航道将把我们带向更加美好的未来，带来一个更加广阔的世界，我们未来的道路就越走越宽广。而如果破冰失败，我们只能原地踏步，只能缩小活动空间，而生存将受到严峻挑战。因此，破冰是一场决定生死的大战，是决定未来前途的大决战。

坚冰已经打破，航道已经开辟，破冰的成功，将把我们带向一条通往胜利的航道，这条航道在不断的延伸之中，这条新航道越来月宽广，这条航道无限光明、无限美好，这条新航道带着我们通向新胜利的彼岸。

2022 年 3 月 6 日

要以新的目标鼓舞人

新的一年，要以新的目标鼓舞人的斗志，工作，不能总重复着过去，那样太乏味；思想，不能总停留在原处，那样会掉队；继承，不能只知道背诵，那样就会失传；鼓舞，不能总弹老调子，要奏新的乐章。

新目标的树立，是我们阶段性的奋斗方向。"凡事预则立，不预则废"，过去的目标实现了，新的未来要有新的目标。新的目标，就是我们的方向，就是我们的计划，就是我们的任务，就是我们的行动纲领。这个新目标，可以是我们最想得到的那部分，可以是我们最需要的那部分，可以是我们最弱的那部分，通过新目标的树立与实现，我们可以使弱项得到有效改善，使优势得到更好地加强，从而使我们获得实实在在的进步。

新目标的树立，可以凝聚齐更大的合力。要聚合新的力量，必须要有新的目标；要昂扬大家的斗志，必须要有新目标的鼓舞；要攀登新的高峰，必须有新目标的号召，新目标成为我们前行的动力。

新目标中有新榜样，榜样的力量是无穷的，向新榜样学习，从新榜样中获取智慧、力量与方法，从新榜样中找到前进的方向，成为我们实现新目标的一种力量。

鼓舞人心的新目标,是更高台阶的攀登,是埋头苦干的誓言,是奋力争先的身影,是同心同德的一致,是全身心的付出,是新长征的开启,是新美好的到来。

2022 年 3 月 7 日

三个聚焦，推动新的增长

在当前形势下，要充分聚焦，多点发力，推动新增长点的形成，确保持续发展。

要聚焦主业，主业是我们的优势，是我们的特色，竞争是以优势与技术为基础的，没有特色，就没有竞争优势。我们的主业是以集成电路为核心的电子工业，以光伏发电、风能发电为主的新能源，以生物制药为主的大健康产业，以新材料化工为主的产业，以物流、园区为主的建筑行业等，聚焦我们的主业，我们就有优势，就有很大的胜算，偏离我们的主业，我们的优势就不明显，竞争时就处于不利。

要聚焦市场。市场是我们的起点，也是我们的终点。市场，是我们的生命线，是赖以生存的基础，失去市场就失去一切。项目，要从市场中获得，而市场是公开的，我们只有通过激烈的竞争并在竞争中取胜，才能赢得市场。我们的市场能力，不取决于我们自己的炫耀，而是要经过市场的残酷检验，我们在市场的一次次严峻考验中成长并不断获得新生。主要领导与年轻干部，要冲在市场的第一线，让他们充分发挥作用。

要聚焦服务。市场靠服务延伸，市场靠服务扩大，市场靠服务巩固。服务，是不断壮大市场的关键；服务，是不断取得客户信任的关键。要用贴心、贴身甚至贴本的方式服务，为客户创造更多的价值，为客户带来更多的惊喜。在服务方面，要舍得下功夫，要舍得付代价，要完全兑现合同中的全部承诺，要让客户发自内心地满意。在服务方面，要以满腔的真诚服务与一流的技术打动客户。

2022 年 3 月 7 日

台积电拉开与对手差距

3月1日,《中国电子报》报道(许子皓),收到头部公司转单,台积电拉开与对手差距。

近日,有消息称,英伟达即将在今年9月发布的RTX40系列显卡上采用台积电代工的5纳米制程。在此之前,英伟达的RTX30系列主要采用的是三星的8纳米制程。

另外,还有报道称,原本使用三星4纳米制程的高通5G旗舰芯片骁龙8Gen1 Plus的部分代工订单可能也会交给台积电,同样采用4纳米工艺生产,高通希望台积电可以早日交付,以尽快取代当前的骁龙8Genl。据悉,高通转单的关键点在于,三星代工的骁龙8Genl的成品率为35%左右,而台积电的良率则超过70%以上。

据悉,目前英伟达已经预先支付给台积电90亿美元,用于确保后续所需的5纳米的产能能够得到保障,并且在今年第一季度还将支付18亿美元,可以看出英伟达想要更换代工厂的决心。

高通同样如此。2021年12月1日,高通刚刚发布骁龙8Genl时,表示比骁龙888芯片处理性能提高20%,能效提高30%,各项数据都有很大提升。但有消息称,三星在代工骁龙8Genl时只有35%左右的成品率,而在台积电测试过后成品率达到了70%,再加上更为优秀的能耗和效能,让高通不得不选择将部分骁龙8Genl

Plus 的订单转交给台积电。据悉，台积电目前已有 2 万片晶圆可以提前发出，预计第二季度交付；最快 4 月出货，第三季度放量，往后每一季度都有超过 5 万片的骁龙 8Genl Plus 的产能。

2022 年 3 月 7 日

新产业的发展

我非常高兴通过视频出席由无锡市新产业研究会、无锡市新能源商会联合举办的"双碳引领绿色发展·无锡能源变革的战略思考"研讨会。囿于疫情的原因我不能赶来,我向大会的召开表示热烈的祝贺!

我主要讲三点:

第一点:新产业是跨行业的产业。新产业是国家新兴战略的产业,涉及面广、涉及领域多,需要多个企业、多个行业、多个研究会共同研究,才能取得持续性的成果。今天新产业研究会和新产业商会的联合举办,表明了跨会、跨行业的联合,这是一个非常可喜的开端。

第二点:无锡是新产业发展的高地。之所以说无锡是新产业发展的高地,主要有三个原因:

(一)、无锡在新兴战略性产业方面特别是在集成电路行业具有领先的优势,在国内处于第一梯队。它拥有海力士、无锡华虹、华润微电子、长电科技和海辰半导体等一系列著名的企业,这些集成电路企业在国内的影响力是巨大的,在大硅片方面拥有中环12吋,上海超硅12吋也决定落户无锡,这样在国内12吋大硅片中,

---

这是作者在2022无锡市新产业研究会企业家春季沙龙上的视频讲话

无锡就取得了中环和上海超硅两大阵营，只有沪硅产业在上海。因此，充分珍惜和充分发挥无锡集成电路产业集群在无锡的优势，是保持无锡新产业竞争力的关键，我们必须在新的一年里推动这些企业不断地在无锡扩产，增强市场的竞争力、扩大无锡的影响力。

（二）、无锡是中国新能源第二大会展召开地，曾经也是中国新能源的发源地。无锡在新能源发展方面具有非常坚实的基础和良好的产业氛围，随着市委市政府对无锡实现"双碳经济"的高度重视，我相信，在新一轮的发展中，无锡的新能源企业一定会激发出更多的热情，更多地利用上市公司多的这样的平台，把无锡的新能源推上一个新的高度。

（三）、无锡在软件开发、物联网等方面具有得天独厚的优势。良好的自然环境、地理条件，是吸引无锡作为长三角中心的一个优势，我相信以后一定会更好地发挥这个优势的。

第三点：我希望无锡新产业的研究一方面要注意理论的研究，另一方面也需要注重务实推进，通过调研、学习，把对无锡新产业的发展形成若干理论与实际，特别是要为市委市政府提供出宝贵的建议，分析产业链上下游的情况，特别要分析哪些企业有可能落根无锡，然后再提出建议报告，这样做，就把理论推向实际，更容易得到市委市政府的支持，也更容易把我们的梦想变成现实。

最后，我代表十一科技再次感谢各位领导光临十一科技华东总部，祝我们的新产业越办越红火，祝中国的高科技事业得到长足的发展！

2022 年 3 月 8 日

市场的良性循环方式

突破、巩固、扩大、再突破，这是市场良性循环的一个方式，也是市场扩展的基本形式。

首先，市场要有突破，不突破就无法取得市场。市场的突破意味着市场打开了一个缺口，为市场的纵深发展创造了条件。突破市场并不容易，要付出很多代价，做出很多努力，要经过长期的考验。

在市场突破后，我们获得了客户的信任，拿下了市场的订单，但以后的发展，很大程度上取决于我们的服务了。如果我们的服务不到位，市场便无法得到巩固。开发市场不容易，巩固市场的任务同样艰巨，市场不仅靠开发，更多的是靠服务延伸，只要我们牢牢把握住服务这个关，得到的市场就不会轻易失去。而如果我们的服务不能及时跟进，不能满足客户日益增长的需要，我们就有丢失市场并被客户抛弃的可能。

服务不到位，一般有以下一些表现：没有兑现合同中的各项承诺，人力不够，服务质量差，履约能力差，纠纷多，无法保证全面执行合同中的内容，影响了项目的正常进行。

市场发生变化，除了服务不到位外，还可能有以下一些原因：双方的人事调整，客户的主管发生变化，外界因素的干预，对手的努力与突破，联系发生变化，客户出现了政策性的调整，以及其他一些复杂因素等。

  我们需要通过持续的改进，确保服务到位，确保让客户满意。不断巩固市场，要通过深化服务，延伸与扩大我们的市场。市场，不仅靠开发，更重要的是靠服务延伸。

  一般而言，客户是需要可持续发展的，可持续发展意味着不断地投入，项目往往一个接一个，如果你服务得很好、很到位、很胜任，彼此充分理解，并在合作中建立了深厚的友谊，那么客户一般不会轻易换掉你。

  发展的可持续，带来了项目的可持续，带来了项目延伸的可持续，带来了市场的扩大，项目往往是一个比一个大，项目种类也越来越多。

  我们要靠不断开发，取得市场上的新突破，进入更加广阔的市场空间，进入更新的天地；我们还要靠持续地改进服务，巩固市场，进一步扩大市场的空间。

  我们通过开发市场，收获着播种的喜悦，我们又通过延伸与扩大市场，享受着收获的累累硕果，这些硕果是播种的成果，更是维护的结果。

2022 年 3 月 9 日

全球大硅片厂之间的收购

2月18日,《中国电子报》报道(张心怡、陈炳欣),2022年全球半导体并购将慎之又慎。

文章说,近日,全球第三大硅片环球晶圆对全球第四大硅片厂德国世创的收购案于交易截至日前未得到德国政府核准,以失败告终。环球晶圆原规划用于收购案的资金将转为资本支出及营运周转使用,预计2022年至2024年度总资本支出约36亿美元,包括重大新厂扩建。从大宗收购迅速切换到大手笔扩产的背后,既有硅片市场需求旺盛的荣景,也有各国对于半导体收购越来越门谨慎的隐忧。

文章说,2020年年底,环球晶圆宣布将以45亿美元收购同为硅片制造厂的德国世创电子,以期快速提高产能与市占率,大幅缩小与全球前两大硅片厂日本胜高和日本信越间的差距。环球晶圆最初希望能在2021年年底完成交易,然而直到今年1月31日的最后期限,依然没有获得德国监管机构的最后核准,该项交易不得不以失败告终。

文章说,在收购失败后立刻转向扩产,环球晶圆的底气来自硅片市场近40年以来少见的供不应求。据SEMI统计,2021年全球硅晶圆出货量增长14%,晶圆收入增长13%,达126.7亿美元,超过 2007 年创下的 121.29 亿美元纪录。12 英寸 .8 英寸和 6 英寸晶圆需求均强劲。

文章说，全球第二大硅晶圆胜高会长兼执行长桥本真幸在 2 月 9 日的法说会上表示，硅晶圆的市场环境"非常良好，好到令人困扰"。此前他曾向媒体透露，从事半导体业近 40 年来，硅晶圆短缺情况持续如此长时间，前所未见，SUMCO 到 2026 年年末的产能已售完。得益于市场需求和产品价格调涨，SUMCO2021 年营收达 3356 亿日元（约合 184 亿人民币），年增 44%。预计 2022 年第一季度销售额达到 990 亿日元（约合 54 亿人民币），季增 7.8%。

文章说，环球晶圆董事长兼执行长徐秀兰也曾向媒体表示，硅晶圆严重供不应求，环球晶圆维持满载生产，仍无法满足全部客户的需求。环球晶圆与客户陆续签订长约，订单已签到 2023 年，2024 年需求也会持续。

2022 年 3 月 9 日

服务，是一种更强的竞争力

很多时候，人们往往更重视市场的开发与开拓，重视市场的开发能力，而忽略后期服务的跟进，殊不知，很多时候，后期服务的跟进，比起前期的开发更加重要，任务也更加艰巨，考验也更加严峻。

前期的开发，只是开了个头，真正的合同兑现才开始。拿到项目，只是开头，真正的实施都在后头，一个重大工程涉及方方面面，是非常复杂的，需要很长的周期，需要在服务时投入足够强大的技术与人力，需要全身心的付出，需要坚持一切以客户为中心的思想，而在实践中每一步的环节，都是对我们的承诺是否真诚的一个考验。

通过加强服务，完善与优化工程方案。重大工程难度很大，实施时会面临很多困难，方案的完善与优化也是一个过程，这个过程贯穿在服务的全过程，只有通过加强服务，才能实现工程方案的不断完善与优化，否则方案就会存在缺陷。

通过加强服务，解决工程迫切的问题。一个百亿级的重大工程，往往时间紧、任务重，工程周期很急，如果不能及时解决工程中的迫切问题，就会延误工程进度，影响工程的按时竣工投产，这样就会给客户带来损失，有的时候，这损失很大。

通过加强服务，增进与客户的了解与友谊。与客户的深度沟通与了解，只有在服务过程中进行，随着工程的深入，双方的接触日益增多，双方对彼此的了解在深化，我们在加强服务过程中推动了项目，也得到了客户的信任，与客户的友谊也在逐渐建立。信任，是合作的基础；信任，只有在加强服务的过程中建立；信任，只有通过不断地磨合才能实现。

通过加强服务，打开了新的天地。通过开发，我们取得了市场的入门券，又通过加强服务，取得了客户的信任，终有百转千回，仍初心不改，在加强服务中我们延伸了市场，实现了由点到面的突破，迎来了一片崭新的天地，迎来了市场的又一个明媚的春天。

2022 年 3 月 9 日

由点到面的突破

市场的由点到面,是一个不断突破的过程。我们在市场上取得的胜利,往往是从点开始的,再波及到面,由点到面,逐渐展开,不断扩大。

由点到面,是一个飞跃。点上开发,面上开花,开发是靠力量的聚焦突破,而面上开花,则更多的是靠强有力的真诚服务,通过贴心、贴身甚至不惜贴本服务,实现合同的承诺,为客户创造更新、更大的价值,真正让客户满意,从而实现市场的延伸。面上开花并不是点上开发的必然结果,面上开花是点上开发的持续跟进,是点上开发的继续与深化。

由点到面,是一个爆发。从点到面,面上开花,是一个爆发。这是服务的火花,这是管理的成果,这是心血的结晶,这是力量的积聚,这是市场的爆发。积累,是爆发的前提,业绩的长时期积累,服务的持续深化,必然带来丰硕的成果,必然会获得客户更多的信任,市场会出现爆发式的增长,市场会由点到面连成一片,我们会收获着这份喜悦,而这份喜悦后面是坚定的信心、坚定的服务初心与全身心的付出。

由点到面,体现了品牌的影响力。品牌的本质是品牌拥有者的产品、服务或其他优于竞争对手的优势,能为目标受众带去高于竞争对手的价值。其中价值包括：功能性利益、情感性利益。通过由点到面的突破，实现了品牌的价值，实现了品牌影响力的传递与扩大，实现了品牌价值的延伸，这是对品牌最好的宣传。用实际行动塑造品牌形象，比起那些空头的宣传，效果更加直接。

2022 年 3 月 9 日

乌克兰的世界遗产

3月10日,《环球时报》报道,乌克兰世界遗产牵动人心(李琳佳、谢坚、任晓明)。

世界遗产是人类文明的结晶,乌克兰共有7处世界遗产,其中位于基辅的圣索菲亚大教堂和洞窟修道院的安危尤其牵动人心。此外,斯特鲁维测地弧的4处遗址有处位于战区敖德萨,也面临风险。

在基辅市中心以南有一处风景如画的地标性建筑群,与市中心的圣索菲亚大教堂交相辉映,两者于1990年被一并列入《世界遗产名录》,它就是洞窟修道院(也被译为佩乔尔斯克修道院,"佩乔尔斯克"在乌克兰语中是洞穴的意思)。这是一个大型修道院建筑群,分为上修道院和下修道院,主要的建筑有圣母升天大教堂、三一门教堂、褚圣堂、十字架提升教堂和天主之母诞生教堂。建筑群坐落在第聂伯河西岸的山丘上,四周绿树掩映,青草如茵,连绵的金色穹顶在阳光的照耀下闪着圣洁的光芒,而修道院的脚下,第聂伯河波光粼粼的河水正在蜿蜒着流向远方。洞窟修道院是基辅罗斯的第一座修道院,东正教信徒主要圣地之一,每年都会吸引成千上万来自乌克兰各地和周边国家的朝圣者。因为基辅过去的修道士会选择在山洞里潜心静修,洞窟就成了他们的隐居地。1051年,修道士安东尼来到这处洞穴静修，他的虔诚吸引了不少追随者，当洞穴人数增加到12人时，他们建造了圣母升天大教堂。随着教堂、修道院的增加，原本的洞窟就成了修士的墓地。

坐落于基辅中心的圣索菲亚大教堂是基辅最古老的东正教教堂之一，已有近千年的历史。教堂最初的建筑包括5个中殿、5个后殿。教堂还是大主教和王公贵族的"归宿"，其中最古老的且唯一幸存的是智者雅罗斯拉夫的石棺。石棺重达6吨。走进教堂内部，可以看到墙壁、拱顶和柱子装饰着宏伟精美的油画和马赛克镶嵌画，那是拜占庭艺术家们在中世纪留下的宝贵艺术作品。约有3000平方米的壁画和260平方米的马赛克镶嵌画保存至今，是世界上留存规模最大的11世纪拜占庭壁画和马赛克画。绘画内容多为圣像和表现基督教教义的场景，还有雅罗斯拉夫家庭集体肖像和展现古罗斯宫廷日常生活的图集。教堂内富丽堂皇，壁画形象生动，马赛克流光溢彩，光色调就足有177种。关于这座教堂的起源有多个版本，最主流的版本认为圣索菲亚大教堂建于1037年，可追溯到智者雅罗斯拉夫大公统治时期。

联合国教科文组织的《世界遗产名录》中有一项独特的世界遗产——斯特鲁维测地弧。从地图上看，它全长2820公里，从北到南纵跨欧洲10个国家，起源于挪威，大约沿着东经25度子午线，然后向南穿过北欧和东欧另外8个国家，最后结束于乌克兰敖德萨州西南部的旧涅克拉西夫卡村。这条弧线是一连串古老的三角测量点，是作为测量子午线弧度的大地测量仪器而创建的。1816年至1855年，为了测量出地球的确切大小和形状，著名的俄罗斯天文学家和大地测量学家斯特鲁维在沙皇的支持下，从挪威到黑海设置了265个测量站点。2005年，斯特鲁维测地弧入选联合国教科文组织的《世界遗产名录》。在相关国家科学家的积极配合下，人们对各个测量点开展专项搜寻工作，但由于很多遗址已经遭到严重破坏，最终只有保存较好的 34 个遗址被列入《世界遗产名录》。其中，乌克兰有 4 处遗址。4 处遗址中，3 处在赫海尔尼茨州；1 处位于敖德萨州，该州正是整个大地弧的终点所在——旧涅克拉西夫卡村。

2022 年 3 月 11 日

春光红色美

今天是个周末,天气很好,阳光透过迷雾,终于与大家见面,气候变化很快,从冬天一下子到了春天。

我们与朋友圈里"青春驿站"的朋友们来到温江的万花拾景园游览,这里是花的集合,也有乡间的感觉,是春天里留影的好地方。

我们这个团队来自各方,背景也各自不同,爱好上也差异很大,但在这个春光明媚的春天里,大家都忘掉一切,勇敢地拥抱春天,快乐地投入到这美好的春光中去,在生活面前,大家都一样,快乐而充实,平淡而真实。

这时,一支上规模的红粉兵团入园,虽然素不相识,但红粉兵团的规模与气势都很让人一惊,看来一袭红衣,确实惊艳,让人高看一眼。

红色,最抒情。红色,是一种基因;红色,是一种情感;红色,是一种历史;红色,是一种纽带。

红色,最夺目。万花丛中,红色最夺目;春天风情,红色最艳丽;远处眺望,红色最醒目;红花配绿叶,春光红色美。

红色,最妖娆的景。"红装素裹,分外妖娆",这是伟人的诗篇,过去是,现在是,以后还是,红色,永远是最妖娆的景。

红色，最精神。一着红装，倍感精神；一触红色，喜事连连；一提红色，马上来劲；一看红色，精神集中。

红色，最美丽。美丽，与年龄无关，青春，与时代相拥，红色，是春天的呼唤；红色，是最美丽的标志。

怪不得上海的孙儿一直要我们给他买红色的风衣，而且坚决地说明，其他颜色一律不要，看来连3岁的他都知道红色的美丽，果然，小家伙一穿上红色风衣，倍儿精神。

红色，舞动着光芒；红色，点缀着春光；红色，丰富着生活；红色，让世界更加美好。

2022年3月12日

捕捉最美那个瞬间

春天里,是人们拥抱自然、投入自然怀抱最好的季节,摄影、照相,是最常见的,而与这美丽的自然风光相应的是人们的表情,再好的自然风光,如果表情不好,相片效果就会大打折扣,而如果人的表情有最好的表现,则会收获难得的佳作,留下难忘的回忆。

最美的,在最自然的那个瞬间。人的表情,不必过于做作,而是要放松自然,只有自然,才拍得出最好的表情,只有自然,才能拍出最美的自我。笑,要自然,美,产生于真实,只有真实的自我,才是最美的。

最好的,在最自然的那个瞬间。笑意写在脸上,任情感在美丽的大自然中流淌,任心中的花蕾绽放在大自然的花丛中,让人的美与自然的美高度和谐统一。

摄影师的任务,就在于要千寻万觅,捕捉那个最自然的瞬间,捕捉那个人自然最佳的组合,捕捉那个精神无比的画面。而我们的任务,就是要有最自然的表现,这种表现要自然、高兴、美好、真实、真情而自信,力求把最好的一面展示给大家。

最美的瞬间是客观存在的,关键是我们要把握机会果断把握。但机会很短,往往会稍纵即逝,人们的表情包在不断变化,人与环境配合何时达到最佳,也处在动态变化中,最美的瞬间短暂,要善于捕捉，大胆抓住。

最美的瞬间，也是相比较而存在，最美是个过程，永远在追求之中，永远不会完结，任何完美都存在某种遗憾，因此不必去过分追求十全十美。

人的事业或者人的一生也如此，要尽可能完美展示，但完美同样在路上，可以不去追求人生的完美，但一定要追求人生的高度，定个要捕捉到人生最美丽的瞬间。

2022 年 3 月 13 日

人生，需要不断调整

四季在不断变化，春夏秋冬，依次轮换，循环交替，人们为了适应这种变化，必须得不断做出调整，在各个方面做好准备，以适应气候的冷热交替。

我们在工作中，也需要这样，不断调整，才能行稳致远。在发展的过程中，有时候，我们面临的机会比较好，我们就可以快一些；而有时外部环境条件差一些，我们可以放慢一些。无论是快或慢，都是一种调整，都是发展的需要；无论是快或慢，都是为了发展得更好。如果我们不调整，一切照原速，不顾一切地发展，会留下很多硬伤，会面临很大风险，以后治愈这些硬伤或解决这些风险，将付出很大的代价。

快与慢是指从大局上考量，就局部而言，要具体分析，能快的，还是要加快，特别是当外部环境变差时，大家都慢了，这个时候能快，意义就更大了，更容易实现弯道超车了。

我们在事业中，也需要这样，不断进行调整。有时候，快一些，猛一些，跑出节奏，跑出速度，跑出质量，实现超越；而有的时候，则需要放慢一下步伐，放慢速度，多学一些，多补充一些，多出去走走，多出去看看，多丰富一下生活与创作的源泉，这样动笔就不至于"挖空心思"而显得"苍白无力"，而必定是"文思如涌"而"下笔有神"了。

我们的身体，也需要不断调整。累了，就歇歇；疲惫了，就停停；有病了，就及时治疗。为了事业与生活，我们必须不断给身体补充新的能量，保持充沛的精力与健壮的身体，否则无法适应繁重的工作与创作任务。我们必须学会生活，学会生存，学会娱乐，学会锻炼，学会调整，学会发展。要在科学医治、增强体质、加强锻炼上花点时间，要有信心循序渐进，要增加锻炼必须的时间，要增加社会活动必须的时间，要增加家庭生活、娱乐与交友必须的时间，要更多地走进社会、走进自然、走进必要的交际圈，要把身体健康、精神抖擞作为人生的第一要务，只有这样，才能使事业可持续。

人，不是机器人，是有着复杂情感的血肉之躯，是社会中的一分子，不能把时间看得过重，整天闭门创作，而应当满腔热情地投入到新时代的生活中，投入到发展的洪流中，让生活更加丰富，让事业更加成功，让明天更加美好。

我们的精神，也不断需要调整。累了，就休息调节，过重了，就调整，乏了，就换个味，让精神始终蓬勃，让新的思想不断涌现，让新的理念不断产生。

通过调整，调出一个更具信心的自我，调出一个更新状态的未来，调出一个更加健康的身体，调出一个更加美好的新未来。

2022 年 3 月 13 日

经济的不确定性正在显著增加

步入新的周期，由于世界性的新冠肺炎疫情在快速蔓延，今年对中国的影响比任何时候都要大得多，俄乌战争带来的一系列恶果，疫情此起彼伏影响很大，美国霸权式的单边技术制裁，房地产泡沫的快速破裂，大基建带来的一系列后遗症，改革措施不落实，明显地，经济正在大幅回调，不确定性正在显著增加。

不确定性的增加，是一系列国际复杂因素叠加的结果，毕竟，发展需要安定的环境，在如此动荡与不安的环境中，发展不易，增长更难。"冰冻三尺非一日之寒"，国际形势处在战争的边缘化，已是常态，美国在紧张的国际形势中不断巩固其领导地位。

不确定性的增加，要求世界有更加安定的发展环境，要求有更加活泼生动的政治局面，要有更加科学的管理办法，要有更加公平合理的政策，要有全人类更多的合作。

不确定性的增加，两级分化将加剧，竞争将更加激烈。对此，我们必须要有充分准备的姿态，更加坚定地推动新兴战略性产业的发展，更加珍惜我们拥有的一切，更快地在转型的道路上奔跑，飞得更高，走得更远，攀上更高的高峰。

2022 年 3 月 14 日

必须立足于自己

从长远看，我们必须立足自己，必须打掉一切幻想，谁也别依靠，谁也靠不住，谁也不用怕。

立足于自己，是经验的总结，也是现实的教训。这种教训以前一直有，现在还在演，抗美援朝，在关键时刻，苏联突然不派飞机，毛主席决定自己干，我们做出了巨大牺牲，终于打赢这一仗。俄乌战争，正在给我们上演现实而深刻的一课，国家的安全、人民的幸福，建立在自身强大的基础上，这世界谁也别指望谁，而我们现在的国力与军力，差距还是大的。

立足于自己，我们有信心。在毛主席指挥下，在共产党的领导下，我们一路走来，从一穷二白的国家，变成一个欣欣向荣的社会主义强国，过去的实践证明，立足自己，改革开放，这是中国的基本国策，是我们成功的基础，是我们胜利的保证，我们对此充满信心。

立足于自己，必须抓紧时间。动荡的国际形势，日趋严峻的国际环境，国际阵线已经很分明了，周边的危机重重，留给我们的时间不多了，我们必须抓紧时间加油干，准备迎接一切挑战。"树欲静而风不止"，这个世界，只要有美国，就没法太平，我们只有抓紧时机加油干，全力突破"卡脖子"工程，从"卡脖子"的危险而痛苦之中解脱出来，真正在高科技上获得自由，集中国力，加快支持关键技术的国产化，把命运掌握在自己的手里，大规模地加强国防军队建设，建设真正强大的国家，这样人民的福址才能得到充分保证，我们才能长治久安。

2022 年 3 月 16 日

地球将在哪一天消失

3月16日,《参考消息》转载西班牙《趣味》月刊网站2月27日文章题《地球将在哪一天消失》(作者:米格尔·安赫尔·萨瓦德尔)。

文章说,不时有人会危言耸听,以世界末日的临近来吓唬我们。我们可以安然入睡。因为没有理由假设这些可怕的宇宙灾难会在不久的将开发生。然而,世界末日的确终将到来,尽管不是迫在眉睫的事情,而是将在70亿年之后发生的一场灾难。讽刺的是,那一切的罪魁祸首将是今天给我们生命的太阳。

文章说,我们对太阳命运的认识还是相当准确的。正如汽车会耗尽燃料一样,太阳的中心——核聚变反应堆区的氢气总有耗尽的那一天。接下来其核心会收缩,外壳会慢慢地膨胀。随后它将慢慢地吞没水星和金星,释放的热量会彻底改变太阳系的外观。在膨胀过程中,太阳表面会变得越来越冷,并会呈现出微红色。目前尚不清楚它在停止膨胀前是否会触及地球轨道。70亿年后,太阳将不再是一颗黄矮星,而将演变成一颗红巨星,一颗进入生命最后100万年的垂垂老矣的恒星。

文章说,从岩浆海洋看天空,将观察到一个非凡的过程:太阳的最外层将在一个持续数百万年的过程中慢慢地从太空中消失,最终形成一个行星状星云。炽热的气体将掠过我们的星球。这种奇观将持续数百万年，在太阳系周围形成一个外壳，最终会像烟圈一样消失。

文章说，不幸的是，我们的星球很可能无法参与这样的盛会。根据美国天文学家克劳斯一彼得·施罗德和英国天文学家罗伯特·康农·史密斯的计算，太阳在演化为红巨星的过程中将失去三分之一的质量。当太阳到达红巨星阶段时，它将比今天大 256 倍，亮度将增加 2730 倍。燃烧的地球实际上将浸没在太阳的色球层中，其中产生的类似气体团的东西会在其轨道上跟随地球。由此产生的磨擦会减慢地球的速度，最终地球将被太阳吞噬。这也是地球旅行的结束。与此同时，太阳将以黑矮星的身份逐渐走向死亡。

文章对图片进行了注解，目前 46 亿年岁的黄矮星太阳，125 亿岁的红巨星太阳。

2022 年 3 月 16 日

要学会算账

在市场经济中，无论你在政府工作，或是在企事业单位做事，无论你是决策者，还是执行者，时常都面临要算账的问题，都要面临算账的考验，算账是我们在工作与生活中时常遇到的。

我们在实际工作中，必须要学会算账，学会算账是我们的一项基本功，也是领导者决策的谋略。

我们在算账过程中，要注意避免以下的一些倾向：

不能只算明账而不算暗账。财务上能算得出的账，都是些明账，明账当然得算，而且要先算清楚。但除了算明账外，还需要算一些暗账，比如项目的影响力、项目的示范突破作用、项目的带动作用等，这些是更大的账，这些帐很难用一些简单的财务数字计算、估量，要会算。

不能只算小账而不算大账。眼前能算的账，都是小账，真正要算大账，要算这个项目带来的品牌影响力、经济带动力、全局拉动力、产业突破力等，这些都是大账。

不能只算近账而不算远账。有些投入，在短期内算起来可能是亏的，但如果放长远一些的周期，情况就会变化，由亏变赚，而且有些投资会随着时间推移，有很大的增值空间，因此对投资与项目的判断，要有一个较长的时间周期，时间不能太短，否则会得出截然不同的结论。

不能只算直接的账而不算间接账。直接的账，容易算，在明处，但还要算间接的账，有时候，间接的账比直接的账收益更大。比如，一个重大项目的得失，不能仅算这个项目的直接的账，更要顾及这个项目带来的市场影响力以及丢掉这个项目带来的一系列严重后果，这才是真正的大账。

什么是亏？什么是赚？在有些人那里，是永远算不清的。他们目光短浅，只知道算小账，算眼前的账，算直接的账，而不算大账，不算未来的账，不算间接的账，最终因缺乏眼光而一事无成，痛失一个个好机会，算来算去，把自己算进去。

2022 年 3 月 16 日

又是一个艳阳天

昨晚,在成都府南河边漫步,风儿吹来,特别凉爽,在配乐诗朗诵《春的呼唤》的伴随下,欣赏着美丽的339周边风景群,十一科技红彤彤的四个大字分外夺目,与339电视塔组成了夜间永不坠落的美丽夜景。

半夜时分,风力加大,又伴随着雨,对住在高层建筑的我们而言,风雨声对睡眠影响很大,起来赶快把门窗关紧,使环境更加安静,以便早点入睡。

早晨起来,原以为夜晚风雨声,今天一定变天,但没有想到是一个艳阳天,看来有时候天气预报并不准确,实际天气更加变化多端。

早晨,我踏上了出差的征程,在阳光的陪伴下急奔机场,由于目的地只有5摄氏度左右的气温,因此我穿上了薄薄的棉衣,准备应对气温的变化。能在疫情期间顺利出差,真是不易,成都的防疫工作做得很好,虽然四川、成都无法独善其身,但其防控宽严有度,进出自由,反映了这个国际大都市的开放与管理水平,反映了成都人对外的充分包容与对内的严格防疫。当前,很多城市壁垒森严,进出都难,但成都把大门敞开,欢迎八方来客。但这并不意味着成都防疫工作的减弱,而是成都适应新变化采取了更加精准的防控。成都的清零，给这座城市的生活、旅行与消费等带来空前的活力，人们的幸福感与安全感满满。

心中要有艳阳天，除了自然的外，还有人们心中的艳阳天。心中的艳阳天比起自然的艳阳天更加重要，更加长久。与邻为友，不是以邻为壑，这是一个国家关系处理的一个原则，国家之间如此，地区之间如此，城市之间也如此。邻国之间的纷争，最终结果是当事双方受害，邻里遭殃，只是像美国这样的国家从中获利。邻里安宁，心中艳阳。

心中要有艳阳天。心中的艳阳天，还有梦想的不断实现。梦想的不断实现，通过努力，从阴转晴，从晴变成艳阳天。这是一个非常曲折的过程，在这个过程中任何一点动摇、任何一丝放松的态度，都会前功尽弃，晴转阴，一切回到原点，无法迎来艳阳天。

心中要有艳阳天。在复杂的国际环境下，在长期的疫情管控下，尤为必要。俄乌战争改变了当前世界地缘政治与经济的格局，股市暴跌，疫情加重，都让人感到经济的不确定性，对今年的经济悲观的情绪上升。在当前疫情管控下，人们心情自然更坏。因此要通过诗歌、音乐来舒解自己的情感，让自己的紧张情绪放松，心中保持乐观，保持艳阳。因此，我这两天发了配乐诗朗诵《春的呼唤》与今晨的新歌《我在这里等着你》，希望给在隔离中的同事、亲朋好友与战友们，送上一份鼓舞，送上一份祝福，送上一份轻松。

心中要有艳阳天。空空荡荡的机场，人流不多，飞机减少了不少，但这丝毫没有减弱我逛书店的热情，在机场的《蔚蓝书店》里，我选购了一本巫鸿作的《空间的莫高窟——走近莫高窟》，这本书对莫高窟有最新的介绍，期待疫情早日结束，重新开始旅游——对我而言，这是生命最快乐的一部分，而在旅游前做一些准备是必要的。

2022 年 3 月 17 日

管│理│随│笔 ❽

最高的山在这里，最美的风景陪伴你

由我作词、著名作曲家彭涛老师谱曲的歌曲《我在这里等着你》，昨日已由"乐涛风潮"音乐平台正式发表，这是我与彭涛老师正在创作的《洱海情歌》系列作品发出的第一首，《洱海情歌》《蝴蝶泉边的思念》等正在创作中。这首《我在这里等着你》的美妙的旋律，不禁让我沉浸在对往事的回忆之中。

去年 7 月中旬，我与太太去了大理，前后 6 天，在孙文导游的热心陪同下，我们在大理度过了美好的时光。美丽的洱海、双廊古镇、悬崖餐厅、蝴蝶泉边、S 湾等美丽的景色给我们留下了难忘的印象，我们在大理留连忘返而乐不思归。

在大理期间及回来后，我创作了一些反映大理风光的歌词，《我在这里等着你》是其中的一首，这首歌真切地反映了双廊古镇与洱海给我们留下的美好印象。

为了增进创作的灵感，彭涛老师与田红老师夫妇在今年 2 月去了大理，几乎按照我们去年 7 月在大理时的路径走了一遍，同阳还是热心导游孙文陪同。大理美丽的自然风光给彭涛老师夫妇留下了深刻的印象，词作家与曲作家对大理的美丽风光理解的一致性，使我们对《洱海情歌》的创作达成了情感上的共鸣，产生了我们音乐创作的火花，迸发出空前的创作活力，赋予《洱海情歌》全新的生命力。

大理的自然风光，让人心醉。洱海、苍山、云雾、双廊古镇、湾区景色、悬崖餐厅、蝴蝶泉边、崇圣寺三塔等，到处是动人的故事，到处是历史的回忆，到处是美丽的传说，到处是迷人的风景，到处让你心旷神怡，到处是浓郁的民族风情，到处是心动的节奏，这一切让你心醉。

大理的自然风光，让你难忘。月光下的洱海，明月当空，月亮在洱海映出倒影，这是一幅多么美丽的画面！我们在双廊漫步，我们在古镇酒吧举杯，双廊是美丽的湾区，一边是美丽的洱海，一边是繁荣的双廊古镇，对面则是迷人的南诏风情岛，这是一幅特别的组合，如同画一般，绝无仅有。我们在圣托里尼悬崖酒店品尝咖啡，仿佛置身于希腊岛国的异国风情之中，似乎还比圣托里尼更增添了些新的风景元素，这就是在继承基础上的创新。

在这种情况下，《我在这里等你》的歌词在我心中涌动，快乐的赞美从心底里发出，我在两次去双廊，一首《我在这里等着你》歌词形成，而彭涛老师的创新作曲，优美的旋律使这首歌臻于完美：

我在这里等着你

作词：赵振元

作曲：彭涛

我在熙攘的人群中，看见了你，一见钟情挂在心里。分别以后盼相遇，朝思暮想总是你。我在古镇的小桥上，看见了你，双廊古镇在心里。琳琅商铺人潮涌，茫茫人海飘向你，茫茫人海飘向你。

最高的山啊在这里，最美的风景陪伴你，与你相约在双廊，我在这里等着你,我在这里等着你。我在迷人的酒吧里等着你,双廊夜色真美丽,举杯畅饮嘛释情怀,人生难得是知己,我在这里等你。我在浪漫的洱海畔看见了你,绵绵苍山雪飘逸,抬头望那明月光,折成小船飘向你,折成小船飘向你。

最高的山啊在这里,最美的风景陪伴你,与你相约在双廊我在这里等着你,我在这里等着你。

2022 年 3 月 17 日

坚持，就是胜利

昨日，中共中央政治局常务委员会召开会议，分析新冠肺炎疫情形势，部署从严抓好疫情防控工作，中共中央总书记习近平主持会议。

习近平强调，坚持就是胜利。各地区各部门各方面要深刻认识当前国内外疫情防控的复杂性、艰巨性、反复性，进一步动员起来，统一思想，坚定信心，坚持不懈，抓细抓实各项防控工作。要始终坚持人民至上、生命至上，坚持科学精准、动态清零，尽快遏制疫情扩散蔓延势头。要提高科学精准防控水平，不断优化疫情防控举措，加强疫苗、快速检测试剂和药物研发等科技攻关，使防控工作更有针对性。要保持战略定力，坚持稳中求进，统筹好疫情防控和经济社会发展，采取更加有效的措施，努力用最小的代价实现最大的防控效果，最大限度减少疫情对经济社会发展的影响。

坚持就是胜利，这是总书记的号召。我们的抗疫成果来之不易，实践证明，我们的一系列防疫措施是行之有效的，如果现在放弃这些成功的经验，不坚持动态清零的目标，全面放开，那么，奥密克戎毒株会以很快的速度迅速传播，全国人民的健康就无法得到保障，人民健康会受到严重危险，那个时候再收紧措施就来不及了。

坚持就是胜利。要充分认识到当前的反弹是暂时现象，只要我们坚持动态清零，病毒就会逐步减少，最后病毒必定无藏身之地，大部分地区的动态清零的目标是能实现的，全国实现清零的目标也不会太远。而这个时候如果选择放弃，则前功尽弃，一切回到原点。

坚持就是胜利。任何成功，都是坚持的结果；任何胜利，都是坚持的胜利。

成功与失败，并非不能转化，在时时转换之中，关键就在于是否能坚持到底。梦想实现，也并非不可及，也就在于能否在最困难时的坚持；"艰难困苦，玉汝于成"，无数成功的背后都是别人不知晓的坚持，就在于能否挺过最困难的关头。

亲爱的朋友，当我们举杯欢庆胜利的时候，当我们这样的忘情、如此的释怀，这般的欢呼，你可千不要忘记，这胜利来之不易，我们在坚持中曾经经历了种种煎熬；亲爱的朋友，你可千万不要忘记，我们在坚持中曾也有放弃的一闪念，而最终坚持的态度，终获成功。

亲爱的朋友，成功与失败其实并不遥远，只有一步，仅仅只有一步，而支持这一步的是你博大的情怀、乐观的态度与百折不挠的精神。

亲爱的朋友，辉煌并不都是名人书写，平常的人，坚持的心，小人物也能成大事。

2022 年 3 月 18 日

努力做些事

努力做些事，让心愿实现。美好的心愿，总是通过无数次的努力，才能实现。一个美好心愿的实现，总是要经过百转千回，总是要历尽坎坷曲折，最终才能实现。

努力做些事，让梦想变真。梦想不能在空洞的口号中变真，梦想不能在虚无缥缈的梦幻中实现，空洞的纲领，漂亮的词句，不如一步有意义的实际行动。

努力做些事，让人生快乐。人生的快乐，不在于拥有的多少，而在于这份拥有与大家的分享；人生的快乐，不在于财富的多少，而在于这些财富在造福于社会中的作用；人生的快乐，不在于自己得到多少，而在于给予别人的多少。

努力做些事。让自由飞翔，让思想奔放，让幸福满满，让生命放射出夺目的光辉。

努力做成事。做一件是一件，做一件成一件，件件精彩，样样成功，这需要有博大的胸怀、独立的人格、坚定的信念、自由的行动，让思想奔放，让梦想实现。

努力做成事。让人生更有意义，让追求更加完美，让生命更加精彩，让一切虚伪远离，让真实充满人间。

2022 年 3 月 19 日

多彩的油菜花

新津，中国天府农博园，这个时候正是油菜花盛开的季节，各色的油菜花吸引着众多的游客，尽管是昨晚才归，但春的呼唤，挡不住前来的步伐，我们如约加入了这个行列。

一看，这是个熟悉的地方，应该是台湾著名企业家姚祖骧先生（我20多年的老朋友、上市公司亚翔集成董事长，他在台湾还有其他上市公司）开发的，我与太太曾经在他与繁骏的陪同下系统地参观过这个博物园，当时就给我们留下了深刻的印象，只不过如今更美丽了，游客更多了。

多彩，是生活的内容。现在科技发达，不仅油菜有多色的，水稻也有多色的，前年国庆我们在安吉的佘村参观，那里就有七色水稻，分外美丽。如今，新津的多色油菜花，把春天打扮得分外美丽，充满诗情画意，成为美丽成都的一道景观。

多彩，是生活的追求。单一、刻板的生活，让生活枯燥乏味，而充实的生活、多彩的内容、紧张的节奏，让生活充满阳光。生活，就是这样，要敞开心扉，迎接阳光；生活，就是这样，该笑就笑，该哭就哭，做一个真实的自我。

多彩，是生活的追求。要让事业多样，要让追求完美，要把烦恼变成快乐，要让平淡变得精彩，要让生命放出异彩。

你，必须多到外面走走，必须多到自然中去，必须多与亲朋好有聚聚，这样才能放松自我，迎接美好。

2022 年 3 月 19 日

玉锦湾的三个朋友

我们院住在世茂玉锦湾小区的有好几户，但只有我、集庆与欧阳常在一起，我们三人自称为御景湾的三个朋友（我老大、欧阳老二、集庆老三），而我们的夫人们也因爱好相同而常在一起。

工作的时候，我们是同事，是上下级，是战友，在工作中相互支持，相互配合，一起助推着十一科技的发展。工作之余，我们是朋友，我们常约在一起谈天说地，夫人们常在一起练歌习舞，我们三家时常一起外出郊游，这也成为我们生活中的一部分，有时候，很久没有见面了，大家都会彼此惦念。

俗话说"远亲不如近邻"，能在一个院子里相邻而居的同事，并不多，能常在一起的，更少，我们都彼此珍惜着这份友情，一直亲密相处。

外出旅游，成为我们常约的活动方式，也是放松紧张工作情绪的好方式，对我而言，也是听听大家意见、交换看法的好机会，机会难得，我也很少放弃。

玉锦湾，是一个非常优美的小区。这里离我们上班的地方很近，步行25分钟，汽车不到10分钟，就可以从这里到达十一科技大厦。绿色成荫的成华公园就在旁边，清澈的府南河水向东流，小区内绿色满目，别有洞天，内外环境，风景美如画，走出小区商铺如林，购物餐饮、文化娱乐极为方便。特别是夜幕降临时，这里是339电视塔的景区中心，万千大厦，发出耀眼的光芒，是成都夜色最美丽的地标。我们都为选择玉景湾小区而感到幸运与自豪。

随着岁月的逝去，我们也在渐渐变老，但夫人们昂扬向上的精神状态，一直是我们的榜样，她们充实的生活、丰富的内容、美好的向往，一直在鼓舞着我们，让我们保持着活力，我们也时常参加到她们的活动中，从中找到生活的激情。

2022年3月19日

管 | 理 | 随 | 笔 ❽

估值的差距有多大？

新闻报道："3月17日，人工智能科技公司格灵深瞳挂牌上海交易所（股票代码：688207），以每股39.49元的发行价成为登陆科创板的首只A1股。不过，还在梦想"吃大肉"的中签者们很快发现账户翻绿了，上市首日格灵深瞳股价小幅冲高后就快速下跌，第二天也没能逃脱继续下跌的命运。截至3月18日收盘，格灵深瞳报收每股34.9元，相较发行价下跌11.62%，这意味着中签的投资者每股亏4.59元。

截至最近一个交易日，格灵深瞳总市值64.56亿元，与2014年徐小平和沈南鹏"口头"对格灵深瞳给出的1.9万亿估值相比，格灵深瞳给二级市场的投资者们留下了一个骨感的现实。"

估值差距这么大，说明了什么？

市场不是由某些大佬决定的，股票的价格是由市场的投资者决定的，市场不认同，大佬们再高估也没有用。

概念的炒作只能是暂时的，企业的市值最终是由企业的实际价值决定的。疯狂的炒作、这么高的估值，是多么地离谱？让股民是多么地受伤。大佬高估、机构炒作、舆论配合，一旦股票被炒高，机构就撤场，赚个钵满盆满就跑掉，留下一地鸡毛，让普通投资者受伤。

以炒作为主、而不是以价值投资为主的中国股市，长期低迷不振，究其原因是炒风太盛，虚假信息多，法治不严，措施不狠，沉渣太多，无法托起一个健康的资本市场。

2022年3月20日

换赛道，得果断些

换赛道，得果断些。老赛道已经没有了生气，没有了希望，不能一棵树上吊死，必须要换新赛道。如果还是老赛道，如果还是老一套，那么不仅没法发展，生存也会困难。

换赛道，得果断些。走上新赛道，新赛道上阳光照，到处是蓬勃的生机，到处是希望的机会，到处是烂漫的鲜花，到处是欢乐的歌声，到处充满希望的光芒。新技术，在新赛道上闪耀；新的战略性新兴产业，在新赛道上奔驰；结束"卡脖子"工程的战斗，在新赛道上打响；我们未来的希望，在新赛道上出现。

换赛道，得果断些。决心，要靠自己下，主意，要自己拿。幸福，是靠自己奋斗出来的，别人给不了你，别人帮不了你。习惯于老赛道的思维要改改了，习惯于老赛道的方法要改改了，习惯于四平八稳的作风要改改了，只有自己改变，才能带来新机会、新希望，傻傻地等着，一切落空。

换赛道，得果断些。慢了，就会错过机会，机会一旦错过，再难以追回；慢了，金子就会永远被埋没在深处，金子的价值就永远无法体现。长时期的底谷，长时间的萎缩，金子久不见天日，无法闪闪发光，永远无法实现其价值。

换赛道，得果断些。慢了，生存就会变得更加困难，无情的市场竞争，随时在严峻地考验着我们；慢了，我们无法适应新的挑战；慢了，我们就得在激烈的市场竞争中败下阵来；慢了，我们的生存就变得愈加困难，甚至，如果我们一再坚持不改变，那么极端的情况就会出现——可能我们离死亡就不会太远了。

2022 年 3 月 21 日

摸着石头过河

"摸着石头过河",是小平同志的改革名言,也是客观事物的科学总结,这句简朴的话语,透射出的是一条科学的真理——认识与发展都是一个过程。在新时代的改革与创新中,我们面临一系列新的挑战,我们面临一系列新的考验,如果一切都要看清了才能决策,如果一切都要把稳了才能行动,那么,我们很可能会失去很多机会,很可能将一事无成。

摸着石头过河,说明了事物的复杂,我们认识事物无法一步到位,只能一步一步来。

摸着石头过河,就是走一步,看一步。一下子都看清楚的路,这个世界上是没有的。路,总是在走的过程中逐步清晰起来的。很容易成功的事,不容易找到,找到了也没有多少意义,因为大家都在做,大家都去做,你再做的空间不大。只有那些存在不确定的道路,探索起来才更有意义,只有充满艰险的路,才更有挑战意义。我们要在做的过程中,逐步搬掉那些石头,克服遇到的困难,最终达到预定的目标。

摸着石头过河,任何决策都无法十全十美。任何决策,都是在一定的条件下进行的,受到各方面条件的限制,也受到人们认识上的局限,要求这些决策十全十美是不可能的。一个重大的决策,往往需要持续跟进，分步骤实现。

摸着石头过河，就是抓住当前的机会。如果一切都等条件完全成熟了再行动，就会错失机会。而选择先起步，在行动中逐步完善，这是最正确的办法。很多事，如果不亲自实践，或许永远不会做，永远找不到答案，只有做起来，才能认清事物的特征，才能找到事物的规律，从而迈强入快车道。

摸着石头过河，就是行稳致远。走一步，看一步，一步一步向前走，正确的，坚持；错误的，纠正；不断调整，实现目标的最佳，实现道路的最佳，实现方法的最佳，实现效果的最佳。

当年，毛主席领导我们走过的两万五千里长征，一开始也是没有确定明确目标与方向，而是在行走的艰苦困苦中，毛主席根据敌我双方所处环境的实际情况，英明指挥，不断果断调整前进方向，及时变更行军路线，用兵如神，过五关，斩六将，一路凯歌高奏，最终胜利到达陕北，把革命的大本营定在延安，从而奠定了中国革命胜利的基础。这说明，正确的道路往往一开始是曲折的，受到各方面的限制，并不是一开始就能找到明确的方向，而是要通过艰苦的实践，通过不断地探索，才能找到正确的道路。

2022 年 3 月 22 日

马兰花开，此爱绵绵绝无期
——追忆尊敬的邓小岚老师

今天，我们还沉浸在东航 mu5735 航班 3·21 的空难悲剧中，突然从北京又传来噩耗，3 月 19 日下午 5 时许，邓小岚老师在河北省阜平县马兰村月亮舞台做音乐节准备时突发脑梗，经医治无效，于 3 月 21 日 23：48 平静离世。享年 79 岁。

下面是阜平统一发出的邓小岚老师的生平介绍：

"邓小岚老师，1943 年出生于河北省阜平县城南庄镇马兰村附近的易家庄村，1970 年毕业于清华大学化工系，退休前在北京市公安系统工作。2004 年退休后来到马兰村教山村孩子音乐，默默坚守 18 年。今年 2 月邓小岚带领马兰花合唱团孩子们登台冬奥会演出。

邓小岚父亲——当代杰出的新闻工作者邓拓，曾带领晋察冀日报社的同志们在马兰村生活和战斗过。缘于个人身世和父辈情结及对这片土地的热爱，邓小岚老师把退休后的大部分时间和精力投入到阜平，为当地脱贫攻坚、儿童音乐教育倾注了大量心血，马兰村发生了翻天覆地的变化。

邓小岚老师先后荣获阜平'十大德信人物''阜平县荣誉公民'称号；荣获'2011 北京榜样'称号；荣获'保定楷模·时代

新人''保定市最美教师'称号。"

听到邓小岚老师病逝这个消息,让我特别震惊与悲痛,因为我与小岚老师的特别缘分:我在她病倒前的最后一天(3月18日)下午去了阜平马兰村,与邓小岚老师亲切会见,相谈甚欢。这才过去了3天,就发生如此大的变故,真让我悲痛无比。

3月18日上午,我、才志、刘娟等在阜平出席一个重要活动,出席活动后,我与刘靖书记、占祥县长亲切话别,准备离开阜平,当时的天气由阳光灿烂转成下雪,雪花飞舞,漫天大雪。由于我是乘坐晚上7:30从石家庄飞成都的飞机,还有些时间,因此我就提出来要到马兰村看看,见见邓小岚老师,听说也顺路,而且时间也来得及,路也好走。书记、县长就让常务副县长齐志国同志陪同我、才志、刘娟等一行前往马兰村。

从阜平职教中心到马兰村约一小时,我们在飘扬的雪花中到达马兰村,在村口受到了城南庄辛金亮镇长的热情迎接。我们在辛镇长的陪同下,参观了正在改建中的马兰村。马兰村,是原《晋察冀日报》的所在地,邓拓是报社的总编,邓拓等人在阜平游击办报,是新中国新闻事业的奠基人之一。邓小岚出生在阜平、寄养在阜平老乡家中,阜平是她的出生地,也是父辈们当年转战的地方,她对阜平有着深厚的情感。

小岚老师18年来一直继承她爸爸的革命志愿,每年数十次往返于北京与马兰,从不间断。她用心血教育出来的马兰花童声艺术团,在冬奥会上大放光彩。44名优秀的马兰花合唱团成员,用希腊语在冬奥会的开闭幕式上完美演唱《奥林匹克颂》,震惊海内外,一举名扬天下。

我们在纷飞的雪花中在马兰村参观,看到当年那些先辈们留下的奋斗足迹,再看看现在马兰村四通八达的高速公路,变化真是天翻地覆啊!高速路也是最近两年才开通,可想而知,过去交通如此不便,小岚老师长期坚持在太行深处的马兰村,一待就是18年是多么的不易啊!

参观马兰村后,我们经过了小岚老师自己设计的在马兰村的小楼——她一直住在这里,不久前才搬入马兰村统建的新居,新居更能御寒,而且地方大一些,生活与交通更加方便些。

我们在铁贯山下的公路行驶,很快经过早期的月亮音乐舞台与新建的月亮音乐舞台,这时外面的雪很大,气温已是零下,志国常务副县长与辛镇长询问我们是否准备下来看,因为天气越来越冷,他们担心我们穿的衣服不多而因此被冻,但我坚持下车,我要看看这个地方是如何培养出马兰花艺术团的。一下车感到非常惊讶,月亮音乐舞台都是条件很差的室外舞台,非常简陋,无论如何是无法与宏大的冬奥会开闭幕式的盛大场面联系起来的,但真真切切、确确实实,马兰花艺术团就是从陡峭的铁贯山下的这些简易舞台上成长起来的,这真让人佩服不已。看来无论如何,成功主要取决于自身努力,与环境关系不大,而且环境越艰苦,往往越能激发人的斗志。

让人激动人心的时刻要到来了,离开月亮音乐舞台后,我们很快要到马兰小学了,小岚老师已得到县、镇的通知,说我们要来,她在那里等着我们,她是昨天才从北京回来的。

我们在飘雪中来到马兰小学,这是在铁贯山下一个不大的院落,小岚老师在那里等着我们。我们一见面,志国常务副县长把我们介绍给小岚老师，说我们正在帮助推动阜平的产业发展，小岚老师与我们亲切握手，对我们的到来表示热烈欢迎，我们在马兰小学的音乐教室会见，这里曾培养出一批又一批的音乐儿童。我亲切地问候小岚老师，说我们久仰她的大名，特别是马兰花艺术团在冬奥会的精彩演出，让世界知道了马兰花艺术团，知道了小岚老师，小岚老师在马兰村扎根18年，在如此艰苦的条件下，在太行山深处创造出奇迹，告慰了我们的革命前辈，非常值得我们学习。小岚老师说，感谢你们对阜平做出的贡献，欢迎来到马兰小学。我们进行了长时间的亲切交谈，从日常起居到音乐教学，从月亮音乐舞台到冬奥会，从马兰村到阜平，从阜平到全国等，谈得非常亲切，小岚老师亲切的态度、平易近人的风格，让我们无拘无束。我们随行人员中有著名青年歌唱家高楠，她也是钢琴演奏爱好者，大家一起欣赏了她与小岚老师的共同演奏，新老二代艺术家的生动场面，深深感染了在场的每一位同志，但我们万万没有想到的是这个珍贵的场面竟是她生命中的最后一次会客。由于我要赶飞机，而且不能耽误小岚老师太多时间，我们与小岚老师留下合影后，就匆匆告别了。我们相约在秋天时节一起与马兰花艺术团相逢在阜平，一起庆祝阜平产业的发展。我们在下午2：15分到达马兰小学，到下午3：00离开，与小岚老师会面持续了约45分钟。

　　到了机场后，辛镇长把小岚老师的微信推送我了，我加上了小岚老师的微信，我在机场候机时（18日晚上6：23分）向小岚老师发出致谢的微信，感谢小岚老师在百忙之中的接待，祝她永远健康，小岚老师在晚上（18日晚上8：46分）回了微信，大家互致问候，期待再见。回来后，一直想写一篇拜访小岚老师的回忆文章，资料已准备好，正准备动笔，没有想到噩耗传来，这篇文章也成为了寄托哀思的悼文。

我们感到幸运的是，我们在小岚老师生命最后的日子里、在她愉快、清醒的时候，我们与她进行了一次亲切的交谈，这次见面成为我们生命中永远的鼓舞，是我们人生最为珍贵的机会之一，让我们终生难忘、终身受益，思念与爱绵绵无绝期。

我们感到不安的是，我们在小岚老师生命最后的日子里，仍然去打搅她原本已经高负荷的工作与生活，这让我们心存不安。

我，仿佛看到小岚老师在马兰村头房间的灯火仍在闪亮；我，仿佛听见马兰小学音乐教室的歌声依旧嘹亮；我，仿佛看见冬奥会的灯火永远不灭；我，仿佛听到马兰花艺术团的歌声在全世界再一次响起。

我们向您保证，尊敬的小岚老师，您开创的马兰艺术之花，将由我们以一种新的方式来继承，我们将高举您的旗帜，续写阜平产业的新篇章，让产业的阜平马兰之花唱响各地，这就是我们对您最好的怀念！

安息吧，尊敬的小岚老师，马兰花会常开在山岗上，常开在阜平大地上，会永远盛开在祖国各地！人们对冬奥会的盛大场景会永远不忘！这比起您的父辈，是另一番宏图大业，是我们中国人心中永远的骄傲与思念。

2022 年 3 月 22 日

盲目行动是更大的风险

我们在行动时，必须要知道行动的方向、行动的目的、行动可能带来的后果以及我们能否承受这些后果等，如果不计后果，那么盲目行动可能比不行动带来更加严重的后果。

"知己知彼，百战不殆"，这是自古以来的一条真理与规律，只有对自己、对对手充分了解，才能做出正确的决策，才能有正确的行动。

知己，就是正确全面认识自己，认识自己的长处、优势与不足。人，总是这样，看别人很清楚，就是看不清自己。要客观评价自己，不能高估自己，不能高估自己的实力。在评估自身的实力时，要留有充分的余地，要考虑各种复杂因素以及可能的叠加。高估自己的实力，低估对手的实力，这就为失败埋下了种子。要做到谨慎出战，务求必胜，必须充分考虑各种因素，特别要考虑不利因素的叠加与动态放大。

知彼，就是要正确评估对手，不能有轻敌的行为。轻敌者，必败也。勇敢，不等于盲目，大胆，也不等于轻敌。盲目行动，会掉入对手设下的陷阱，使自己陷入被动与面临失败，有时甚至是面临灭顶之灾。

盲目行动，是轻率的行为。市场如战场，任何轻率的行为，必然被对手所利用，成为被击破的突破口，导致全局的溃败。

　　盲目行动，是最大的风险，而要规避这个风险，就是要在行动前尽可能做好充分、周密的调查，在充分调查后，最后决定行动的方针，决定行动的方案。调查，要采用多手段与方法，要做详尽的、全方位的调查，由于受各方面因素的影响，调查往往有一定的局限性。

　　在行动前，要对行动方案进行充分的评估，有了评估，行动的风险就会大大减少。

2022 年 3 月 26 日

增长放缓,再一次超越的新机遇

从今年情况看,经济增长的速度明显放缓,这是大概率的事。房地产的泡沫终于破裂,专家们提出的"大基建"的作用已经失去作用,也没有人相信,出口态势虽然依然强劲,但国际环境由于大俄乌战争而笼罩阴影,充满危险变数,而日趋加重的国内新冠肺炎变异病毒的传播日趋严重,这严重地妨碍了城市之间正常的商务活动,而对于与旅游相关的行业,更是遭遇灭顶之灾。

增长放缓,是一次经济发展速度与结构性的调整,这种调整受市场内外部一系列复杂因素的影响,也是经济发展到一定程度的必然调整。这种调整,不以人的意志为转移,是供给侧与结构侧的双向同时调整。通过调整,经济发展的速度会放缓,从而有调整成为可能,通过调整,经济活动将更加健康,从而再次获得较快发展的可能。

增长放缓,迫使我们继续加快转型的步伐。传统的赛道,是一片红海,空间发展很小,不断缩小的赛道规模,正在使赛道更加拥挤。为了生存,我们必须努力通过持续转型开辟出新的赛道,这样可以极大拓展新的生存空间。实现新旧赛道的转换,并不意味着要完全放弃旧的赛道,而是要组织存量资源注入到新赛道中去,从而为发展开辟一条更加宽广的路。

增长放缓,再一次体现战略的力量。没有转型或转型很慢的,在增长放缓期间,面临进一步下滑的可能。而转型快、把握新赛道的，滞长时带来更多的机会。因为虽然经济总量总体上呈现滞长，但新兴战略性产业不仅不降反而会增长更快，滞长只对传统性行业而不对需求量极大的新兴战略性产业。我们在一系列正确战略指引下，多年来一直稳步发展，持续转型，转型的步伐一天也没有停止，转型的速度一刻也没有减慢，终于转出今天这样的新天地，这是战略的贡献，这是战略的力量。面对滞长，我们也更加珍惜我们取得的一切，而如果没有 10 年的持续转型，我们今天的发展会陷入极大的被动，日渐衰弱是大概率的事。

  增长放缓，将是进一步拉开我们与对手的差距的一个极好机会。从我们的发展历史看，当经济增速快、经济发展势头很猛、项目很多时，大家都有充足的市场，这个时候拉开与对手的差距并不容易；而当经济出现增长放缓时，虽然传统市场竞争会更加激烈，但由于我们已经整体迈入新赛道并取得新赛道运行的品牌与经验，在新赛道上有明显的竞争优势，因此我们可以有更多的市场机会，可以获得更多的项目，这会进一步拉开与对手的差距。因此，对已经实现成功转型的，在滞长时期的发展，不仅不能慢，而且要更快，因为这快不仅有可能，而且非常必要，通过更快，抓住机会，在新赛道上建立更加巩固的优势，开拓更加广阔的发展空间，从而把与对手的差距拉得更开、更大。

  增长放缓，给我们创造了一个新的机会，也再一次向我们敲响警钟，转型永远在路上，有起点而无终点，只有不断把握新机会，持续转型，才能永远把握在市场上的主动，才能永远立于不败之地。

2022 年 3 月 28 日

西方断供,俄电子产业"芯荒"

3月25日,《环球时报》报道:西方断供,俄电子产业"芯荒"。

相对于乌克兰氖气断供给全球半导体产业造成的冲击,俄罗斯电子行业面临的风险则更多的来自外部制裁。俄罗斯《报纸报》22日援引俄罗斯"国产数据存储系统开发商协会"执行董事奥列格·伊祖姆鲁多夫的分析称,在西方对俄电子业实施制裁的背景下,俄国内技术最"薄弱的地方"是微处理器。由于西方的制裁,俄罗斯国产的"贝加尔湖"和"厄尔布鲁士"处理器的生产面临困境。伊祖姆鲁多夫表示,俄罗斯没有完整的半导体产业链,为了在国内生产微处理器,至少要建设一个工厂,需要配齐生产设备、专业人员等,这一切都非常昂贵。

福布斯俄文版网站近日刊文称,早在2013年,美国便开始限制对俄罗斯的微电子产品供应。为此,俄罗斯也积极开展相关产业的进口替代计划,加大对国内微电子产业的投资和发展。但由于电子技术限制与工艺复杂,许多俄罗斯公司主要负责芯片设计,芯片生产任务则转移到全球最大的制造商——台积电,主要产品为俄罗斯自主设计的处理器,计划用于代替英特尔和AMD等美国产品。此前,台积电宣布加入美国的对俄制裁计划,这将导致俄罗斯的微电子产业遭受冲击，俄罗斯在 IT 领域的进口替代计划也将难以继续实施。

2022 年 3 月 29 日

市场，属于全体参与者

市场，属于全体参与者，属于大家。双碳经济目标的实现要动员更多的中小企业参加，要吸引更多的社会资本参加，这些社会资本包括民营资本、个体资本等。这些分散而众多的资本一旦形成合力，会形成一股推动新能源发展的澎湃力量，会改变市场的一些格局，给市场带来新的气象。

市场，并不只是巨头们的，而是属于更多的中小企业的，属于大家的，属于一切参与者。龙头，有重要带动作用，龙头企业，肩负着更大的行业责任，要勇敢地承担起这个社会责任。

带头，并不是垄断，如果让巨头们垄断了市场，那就意味着市场资源被垄断，技术进步被阻碍，市场活力受压抑，市场的创造力被减弱，影响了市场的有效竞争。垄断，妨碍了市场多元化的实现，对市场的健康发展有百害而无利。

中小企业有更多的创新活力。企业太大，体量太大，主体太少，容易遏止住蓬勃的创新活力，无法释放出市场的巨大价值。中小企业主体多、活力足、创新驱动力强，这些正是一个健康市场发展所需要的。

中小企业有更多的市场触角。双碳经济，要深入到县域，深入到农村，要大力发展现代农业光伏，这也正是双碳经济未来的基础，而在这一方面，中小企业有着明显的优势。中小企业深入县域光伏，迎合了县域光伏发展的需要，给县域光伏带来了机会，给农业光伏带来了希望。

历史，往往是由小人物创造的。市场发展的强劲动力，往往是由成千上百万的中小企业产生的，只要小人物们的心拧成一股绳，就会形成难以撼动的强大力量；只要中小企业形成团结一心的众力，那么中小企业就会成为真正的市场主体，成为推动新能源发展的一支中坚力量，就会创造出令人惊叹的奇迹，使一切不可能成为可能，演绎光伏发展的一个个奇迹。

精彩，总是在不断演绎，永远不会结束。长江后浪推前浪，一浪高过一浪，要勇立潮头，才能永远向前。舞台的主角是大家，精彩也属于大家，无拘无束的小人物们，毫无包袱，轻装上阵，充满活力与斗志，不断创新进取，敢于挑战，既填补了市场空白，也发展了自己，说不定哪一天他们又会成为新的市场龙头。

序幕，还不是高潮，高潮总在后面。高潮的到来不靠虚张的声势，不靠空洞的言辞，不而是靠坚定的意志与脚踏实地的努力。唯有意志与理想，才能坚持；唯有坚持，才有希望；唯有希望，才能点燃胜利的圣火。

2022 年 3 月 29 日

如何实现逆增长

逆势增长，并不是件容易的事。逆势增长，必须具备一些条件，要采取一些措施，只有这样才能实现逆增长。

要有一系列正确的战略，尤其是多元化发展的长期指引。以我院为例，我们有完整的战略体系，特别是双轮驱动战略、"三化战略"等都是多元化发展的战略指引，这些战略指引我们经历发展底谷的考验，确保在各种复杂情况下都能实现较快增长的目标。

要已经在关键领域成功实现转型。如果没有实现在关键领域的转型，在经济发展底谷时，营收下滑是大概率的事。但如果已经在关键的新领域里成功实现转型，那么逆势增长就有可能，因为这些关键的新兴领域正处在快速发展的阶段，存在很多机会，加大在这些领域里的耕耘力度，保持逆增长是完全可能的。

要实现逆增长，要充分利用自己的优势，紧紧抓住市场的机会，加大拼抢力度。项目资源少，与竞争对手的拼抢力度加大，竞争激烈程度加剧，这个时候要敢于面对，每球必争，务求攻克，勇敢拼搏。而取胜的关键，往往是临门一脚的功夫，这功夫要充分体现我们的优势与实力，这功夫要果断而坚决。

要实现逆势增长，要在新赛道上推进更快。要充分利用在新赛道上已经因先发而建立的优势，加快在新赛道的布局，加快在新赛道上的步伐，发力更大，发力更强，发力更足，发力更快，使在新赛道上的领先优势更加明显。

　　要实现逆增长，要充分利用多领域互补的优势。多领域的开拓，实现了领域之间互补的可能性。领域之间的互补，弥补了单一领域的局限，出现了东方不亮西方亮的局面，从而在逆势中有更大的回旋余地。

　　要实现逆增长，要持续向新领域转型。现在新兴战略性产业方兴未艾，前途无量，新技术、新产业层出不穷，要努力追踪新技术、新产业，持续加快转型，力争在逆境中转出更新的天地。

　　逆势，是挑战，也是机会；逆势，是调整，也是有机会发展。我们要正确看待逆势，把握逆势带来的机会，推动各项工作再迈上一个新台阶。

2022 年 3 月 29 日

生活，是创作的唯一源泉

我们的创作，离不开生活，生活是我们创作的唯一源泉，丰富的生活，让我们的创作题材取之不尽，用之不竭；火热的生活，让我们激情满怀，斗志昂扬，情感澎湃。

所以，作者一定要亲自深入生活，深入实际，才能创作出感人的篇章，写出动人的乐章。在火热的生活中，感受着情感的节拍；在火热的生活中，让情感在心底涌动；在火热的生活中，让创新思维迸发，让精美语言脱口而出，让美好旋律从心里飞出，让传世佳作不断涌现。

要不断拓展生活的深度与广度，不断延伸生活的厚度，要深深地植根在生活丰富的土壤里，吸入更多的营养，拓宽更多的知识面，注入更多的情感，开阔更多视野，才能生产更多的精品，才能浇灌出更加饱满的花朵，绽放更加美丽的花蕾。

闭门造车，凭空想象，脱离生活，思维限制，情感缺乏，知识贫脊，都会让创作缺乏真实性，缺乏多样性，缺少感染力，没有生命力。

诗歌、音乐、文学艺术等，都是时代的产物，是时代的一部分，是时代的精华，是时代的标志与遗产。我们不能只知道背诵古人的诗句，这些诗句虽然美丽，但都是那个时代的产物，新的时代，需要新的艺术，新的时代，需要新的声音，需要新的鼓舞，否则历史就会停止，人类就会倒退。我们要在继承的基础上不断创新，写出反映我们新时代最美好的诗篇，创造出反映我们新时代最好的乐章。

2022 年 3 月 29 日

江南水暖鸭先知

——三月收官

在为院新版《企业文化手册》写下新的序言《文化的力量》后，迎来了三月收官的日子。

用苏轼的诗句"竹外桃花三两枝，春江水暖鸭先知"来形容当前的心境、意境是合适的。

今年的春天，气候一如往常，自然界春意盎然，充满蓬勃生机，但也充满浓浓寒意，倒春寒来临。自然界的倒春寒很快会过去，另一种倒春寒却更伤害人，新冠肺炎疫情的突然再次暴发，让以上海为中心的江南处在全民抗疫的第一线。在春的日子里，人们无心"赏花"，更是全力"抗疫"，同舟共济，共克时艰。此时，我们充分理解江南人民的心情，"江南水暖鸭先知"，江南是火车头，上海是风向标，都是我们的骄傲。上海是座英雄的城市，上海人民是伟大的人民，在党中央与上海市委的坚强领导下，我们相信，上海很快会取得抗疫的胜利，上海的一切会恢复往日的平静与辉煌，我们祝上海早日取得抗疫的胜利，祝江南平安，让上海这个龙头摆脱困境，继续舞起来。

今年的春天，是对我们又一次严峻的考验。新冠肺炎病毒的传播已进入第三个年头了，虽然变异病毒奥密克戎的毒性有所减少，但传播速度更快、更猛，而且未来病毒变异的方向仍然没有得到科学的确认，在全世界普遍放开的情况下，我们坚持"清零"的国策面临更大的难度与压力。但如果放开，由于我们人口基数大，医疗资源有限，一旦出现大面积传播，后果不堪设想。因此，全国"清零"的目标，仍是我们唯一的正确选择，我们必须坚持下去，坚持就是胜利。

今年的春天，过得并不平静。"树欲静而风不止"，俄乌战争给世界安全与经济拉响警报，期盼通过谈判结束战争，回归和平的日子，是包括俄乌两国在内的所有爱好世界和平国家人民的愿望。"树欲静而风不止"，多重复杂因素的叠加，使经济增长放缓，这是不以人的意志为转移的客观趋势，这也压缩了原本已经不大的市场空间，相互间的竞争会更加激烈，日子过得不太平，挑战与风险时常在我们身边并时时发出一种强力的警示，让我们对周围的一切，在热情拥抱的同时，保持一种高度的警惕。

今年的春天，仍然绽放春天的美丽。收官三月，虎年开局态势已经明朗。虽然面临重重挑战，但仍然有收获。我们在坚持中全力推动了项目的落地，完成了心中的梦想。在放缓的环境中，仍然获得增长的动力，这说明了战略、文化与转型在经济滞胀时的独特力量。

今年的春天，是练内功的日子。因各地疫情而无法自由出差、安心在成都的这段日子里，仍然可以大有作为。在管理提升、增弱补短、推动项目、创新驱动、大楼整顿、迎客入户、提升广场花园等方面，硕果累累，为迎接未来更加重要的日子，奠定了基础，我们对未来充满着胜利的信心。

春天，是一年一度的美丽；春天，是存于心中永远的向往；春天，是我们人生美好的梦想；春天，是音乐艺术的交响；春天是蓬勃向上的人生动力；春天，是青春的蓬勃活力；春天，是美丽的展示；青春，是人与美丽大自然的美好邂逅；春天，是充满希望的光明未来。

2022 年 3 月 31 日

二月春风似剪刀

唐诗人贺知章的《咏柳》:"碧玉妆成一树高,万条垂下绿丝绦。不知细叶谁裁出,二月春风似剪刀。"

最后一句形容二月里温暖的春风,它就像一把灵巧的剪刀。

我们荡漾在春天里,感受着春天的美丽。桃花开,樱花美,樱花年年开不败,万紫千红百花开,春天的美丽让我们荡漾在春天里,获得春天的快乐。

崔护的《题都城南庄》是一首赞美春天的好诗,"去年今日此门中,人面桃花相映红。人面不知何处去?桃花依旧笑春风。"我们漫步在花丛中,荡漾在花的海洋里,感受到的是"人面桃花相映红"的红火场面,虽然春景年年都不同,但感受到的是"桃花依旧笑春风"的热烈。景,一年比一年多;花,一年比一年美,人依然青春美丽,是新时代美好的幸福生活在滋润着我们,让我们永远年轻。

我们荡漾在春天里,感受着春天的魅力。

我们在春天里,播下希望的种子。

我们在春天里,获得再出发的动力。

新冠肺炎病毒疫情的再一次暴发,挡不住我们前进的脚步。因为有党中央的英明领导,有全国人民的众志成城,有两年多来成功抗疫的经验，有一整套成功的办法，我们有信心很快止住病毒的蔓延，很快会回归正常的生活，春天，一定会再一次到来。

2022 年 3 月 31 日

史倩独唱音乐会

昨天晚上,我、太太与彭涛老师、田红老师一起应邀出席在四川城市音乐厅举办的"史倩独唱音乐会",这个演唱会是四川艺术基金 2021 年度青年艺术人才资助项目资助,具有公益性质。

史倩老师是四川音乐学院的副教授、著名女高音歌唱家、中国音乐学院在读声乐博士,是四川省很有影响力的当红女歌唱家。

与史倩老师的相识已有好多年了,最早是在 2018 年,那时院里为庆祝改革四十周年而进行了一系列的庆祝活动,其中我与彭涛老师的一首歌《改制换得新天地》由史倩老师与何刚老师演唱,以后我们多次见面,我也观看过史倩老师的排练。正式演出后,史倩老师的演唱受到好评。以后我与彭涛老师的多首歌曲如《潮起东方》《千流归大海》《胡杨树》等,也都由史倩老师独唱,她优美、清脆的女高音为这些歌增色很多,最近我与彭涛老师的新作《二十年》,彭涛老师也建议由史倩老师来演唱。

我们到达四川城市音乐厅时,还下着雨,有点寒冷,四川省音协主席林戈尔陪同我们进入音乐酒吧,我们因去年 6 月 6 日一起出席赵振元、彭涛《心声》专碟首发式而认识。我们在林主席陪同下参观了这里的音乐陈列,这里的一些陈列展示与四川音乐发展的历史,文化气氛浓厚。参观后,我们在这里休息等候,室内温馨而暖和,让我们一下子就暖和起来。我们在酒吧停留了一会儿,在经过严格的防疫（如出示核酸检测报告、测体温等）检查后，我们进入了位于一楼能容纳 200 多人的小音乐厅，这里灯火辉煌，人员满座，充满着热烈的气氛，大家充满对音乐会的期待。在其他省市因疫情严重而封闭隔离的情况下，我们能有机会相聚在一起，享受音乐会的快乐，这是多么难得、是多么值得珍惜的机会呀！

著名主持人董凡主持了这次演唱会，艺术指导是孔磊，特邀嘉宾谭学胜。作为主持上千台重大活动的主持人董凡，用她娴熟的主持技术与魅力，把整个演唱会主持得有声有色。

史倩老师的演唱共分为四个部分：第一组曲：大雅元音，有《长相思》等 3 首；第二组曲：家国故事，有《家住安源》等 3 首；第三组曲：巴蜀音画，有《别动那张琴》等 4 首；第四组曲：时代之声，有《西风》等 4 首，总共 14 首，精彩纷呈，格调高雅，典型的学院派风格，精彩演出受到全场观众的阵阵掌声，这表达了人们对史倩老师的精彩演出水平充分肯定。谭学胜老师的精彩助唱与学生们的舞蹈，也受到大家的热烈欢迎。

演出结束后，我们与省音协的领导们一起走上舞台，对史倩老师的成功演出表示衷心祝贺，祝贺史倩老师的艺术之路越走越宽广。这时，全场的气氛达到高潮，独唱会在热烈的气氛中闭幕。

走出音乐厅，似乎还停留在音乐的激昂中，心情难以平静，给"防疫"中的我们注入了兴奋。自从与音乐结缘后，音乐便给了我生命中鼓舞的力量，给了我生命中永远的灵动，给了我生命中蓬勃的活力，给了我生命中永远的希望。希望能常参加这样有益的活动。

2022 年 3 月 31 日

目标，成长的空间

事业的成功，必须要有明确的目标，否则，前进就没有了方向，没有了路标，也没有了动力。目标是前行的动力，是成长的空间，是增长的动力，是发展的有力助推。

目标，不能太大。太大了，无法聚焦，脱离实际，没有实现的可能性。太大的目标，犹如水中捞月一场空；仿佛空中楼阁，可望而不可即。太大的目标，永远无法实现，容易让人失去信心。

目标，不能太小。太小了，动力不足，空间受限，而且也容易自满。前进，必须加足马力，远大的目标鼓舞人心，是前行最大的动力。要有足够的成长空间，太窄了，就会影响成长，发展就会受到限制。

目标，既要可望，又要可即。切合实际又鼓舞人心的目标，是前行的助推器，是奋斗的加油站，是指引前进的光明灯塔。

伟大的目标，是战斗的号角，是前进的灯塔。目标，鼓舞着我们不断战胜前进道路上的困难；目标，推动着我们不断攀上一个又一个新的高峰。

因此，我们要根据情况，不断制定新的目标。要通过不断调整目标，特别是通过不断调高目标，拓展成长空间，激发潜能，激活活力，增强动力，增强信心，不断推动发展，迈上一个新的高度。

实践证明，跳一跳，够得着的就是最好的目标；没有跳，也能够得着的目标，平淡无味，没有压力，也必定不能产生创新的火花，也无法出现新的发展奇迹；跳一跳，够不着的目标，容易让人失去信心。

2022 年 4 月 2 日

经典歌曲的启示

经典,指具有典范性、权威性的经久不衰的万世之作;经过历史选择出来的"最有价值经典的"、最能表现本行业的精髓的、最具代表性的、最完美的作品。

经典,泛指那些能广泛流传、永久保存在人们记忆中的艺术作品。

经典,总是情感动人。经典,之所以能打动人,首先是情感动人,作者用真实的情感打动着人们的心灵。

比如《友谊地久天长》是一首非常出名的诗歌,原文用苏格兰语写作,意思是"逝去已久的日子"。《友谊地久天长》是18世纪苏格兰杰出农民诗人罗伯特·彭斯根据当地父老口传录下的。这首诗后来被谱了乐曲,除了原苏格兰文外,这首歌亦被多国谱上当地语言,在中国各地普遍称为《友谊天长地久》。中文歌词有多个版本,许多人通常可以哼出歌曲的旋律。在很多西方国家流传,这首歌通常会在除夕夜演唱,象征送走旧年而迎接新年的来临。

在经典电影《魂断蓝桥》中,此曲被用作为主旋律。在经典电影《风云人物》中,片尾众人合唱此曲。在更早的经典喜剧电影《淘金记》中,电影后半部分也由众人合唱此曲。

怎能忘记旧日朋友,心中能不怀想。

旧日朋友岂能相忘，友谊地久天长。

友谊万岁 ，友谊万岁

举杯痛饮， 同声歌颂友谊地久天长。

我们曾经终日游荡在故乡的青山上

我们也曾历尽苦辛到处奔波流浪

友谊万岁， 朋友 友谊万岁

举杯痛饮， 同声歌颂友谊地久天长

我们也曾终日逍遥荡桨在绿波上

但如今却已劳燕分飞

远隔大海重洋

友谊万岁，万岁朋友 友谊万岁

举杯痛饮， 同声歌颂友谊地久天长。

我们往日情意相投

让我们紧握手

让我们来举杯畅饮

友谊地久天长

友谊万岁， 万岁朋友， 友谊万岁

举杯痛饮， 同声歌颂友谊地久天长。

友谊万岁， 万岁朋友， 友谊万岁

举杯痛饮， 同声歌颂，友谊地久天长

友谊万岁， 万岁朋友 ，友谊万岁

举杯痛饮， 同声歌颂友谊地久天长。

  经典，来自经典的诗篇；经典，来自经典的乐章：经典，来自经典的组合。

比如由乔羽作词、刘炽作曲、郭兰英演唱的《我的祖国》，是电影《上甘岭》的插曲，也是电影《上甘岭》的灵魂，多少年来一直作为经典而流传，唤醒一代又一代人的美好记忆：

"一条大河波浪宽，风吹稻花香两岸。

我家就在岸上住，听惯了艄公的号子，看惯了船上的白帆。

这是美丽的祖国，是我生长的地方

在这片辽阔的土地上，到处都有明媚的风光。

姑娘好象花儿一样，小伙儿心胸多宽广。

为了开辟新天地，唤醒了沉睡的高山，让那河流改变了模样。

这是英雄的祖国，是我生长的地方。

在这片古老的土地上。到处都有青春的力量。

好山好水好地方，条条大路都宽敞。

朋友来了有好酒。若是那豺狼来了，迎接它的有猎枪，

这是强大的祖国，是我生长的地方。

在这片温暖的土地上 到处都有和平的阳光。"

这歌曲，乔羽的词作语言亲切、朴素，如诉如歌、易懂；刘炽的作曲曲调优美、如歌如泣、易唱、易流传；郭兰英的演唱深情、动人、感人。这是从我们的心底流淌的一种情感，这是永远流传的经典，经典，就是一种完美的组合。

2022 年 4 月 6 日

深耕本地，是一项基本的战略

我们往往注意外面的市场，而常忽略本地的市场，往往丢了西瓜，捡了芝麻，得不偿失。

究其原因，主要是因为本地的太熟了，认为跑不掉，没有引起足够的重视，而且也认为丢不了，迟早在我们手中。其实有这种想法是很错误的，其一是因为市场是相通的，本地的市场并不属于你，而是属于公开的市场，属于大家，本地的大项目，往往是外来者关注与竞争的重点；其二是市场信息的多元元化、投资主体的多元化、项目来源的多元化、招标方式的多样化、人际关系的复杂化等都使本地项目的归属成不确定因素，我们往往有这种现象，外面的市场开拓顺利，而本地的市场开发陷入被动。

深耕本地，是我们的一项基本战略。任何分院，都要把深耕本地作为一项基本战略，作为分院市场开发的首要任务。要充分了解本市、本省、本地区项目的情况，要充分掌握本地的项目资源，要熟悉与项目有关的一切，全力以赴去拼抢本地的项目，全力以赴争取本地投资者去外地投资的项目，通过巩固与深化本地项目，不断去延伸项目的链条。只重视外不重视内、只重视表不重视里的现象必须得到纠正。

深耕本地，是我们的优势。我们生活在本地，工作在本地，我们在本地有着广泛的人脉资源，有着得天独厚的有利条件，本地有着成本更加低廉、服务更加便捷、沟通更加畅通、服务更加直接的优势，而这些优势，往往是战胜对手的重要条件，我们要充分扬我们之所长，把优势充分发挥好，把这块阵地守好。特别是很多中小分院并不具备全方位开拓外部市场的能力，而且也无法充分保障后期持续跟进的服务。

深耕本地，守土有责。我们在全国各地的分院，都有守土有责的光荣职责与崇高使命，当年之所以在本地建分院就是出于本地市场所具有的战略考虑，如果不深耕本地，就是忘了当年的初心，有违当年建立分院的宗旨。

深耕本地，开疆拓土。深耕本地，是我们的基础，而开疆拓土是拓展更加广泛的发展空间，两者相得益彰，相互推动，相互促进，丰富与扩大了我们的生存空间。我们在开拓外部市场的时候，不要忘记巩固我们的本地市场，而在深耕本地市场的同时，不要忘记开疆拓土，加快地区辐射，力争飞向更加广阔的外部世界。

2022 年 4 月 7 日

差在哪？

各地城市的产业发展，都处在方兴未艾之际，随着时间的不断推移，差距也在逐渐显现，一批原本落后的城市已经脱颖而出，而原本领先的城市正在逐渐褪色，光环也在逐渐消失，如不努力，将被产业发展的浪潮所淹没，被时代所淘汰，被人们所遗忘，而曾经的辉煌也将成为过去。

差在哪？差在担当精神。发展，总是要有股子劲，有一种拼搏精神，有一种献身精神，这就是担当精神。对待困难，有两种态度，形成两种分水岭，一种是没有条件创造条件也要上，一种是强调困难、听之任之。两种不同的态度，形成两种完全不同的结果。前一种，克服困难，勇于担当，勇敢地往前冲，把握了历史性机会，抓住了产业发展最佳时机，形成了一股蓬勃发展的浪潮，带动了城市产业的发展。后一种，害怕困难，没有担当，过平安日子，不承担责任，听任机会白白溜走，使城市的产业发展一再错失机会。两个结果，使城市产业发展走上两个完全不同的方向。现在产业发展成功的城市，都曾经走过十分艰难的路，曾历经贫寒，经历曲折，饱受非议，而如今靠10多年来坚韧不拔的努力，终于站在城市产业发展的前沿，成为城市引为自豪的荣耀，成为城市产业发展的典范。

差在哪？差在选拔机制。我们选拔与任用干部，要多选那些忠诚度高、有担当、有能力的干部，特别是在关键岗位上的干部，必须要有能力与担当，否则会影响一个地区、影响一个城市的发展，会让城市一再错失产业发展的大好机会。选拔干部时，要把能否开创新局面作为最重要的条件。干部，位置并不重要，重要的是要多想想肩上的责任，多想想民众的期待。

差在哪？差在一种好的风气。鼓励创新，允许失败，大胆起用能人之贤，坚决弃无用之才，让创新的风气蔚然成风，让创业的精神深深扎根，让为城市做贡献成为考核干部的主要标志，让耽误事的人靠边。

"长风破浪会有时，直挂云帆济沧海"，机会，永远在身边，光明，永远在前头，无论是个人、企业，或是一座城市，永远存在发展机会，但机会属于那些敢于长风破浪者，属于那些敢于克服一切困难者，属于那些不畏艰险的探索者。

2022 年 4 月 9 日

等条件，还是创造条件？

现在做事，都讲条件，这没有错，但问题是条件从哪里来？如果要等一切条件都具备了，或许就没有必要做了，因为做这个事的最佳机会已经错过，再做也没有意义。

"有条件要上，没有条件创造条件也要上"，这是当年铁人王进喜提倡并践行的精神。1959年底，开发大庆油田时，钻机到了，吊车不够用，几十吨的设备怎么从车上卸下来？王进喜说："咱们一刻也不能等，就是人拉肩扛也要把钻机运到井场。有条件要上，没有条件创造条件也要上。"有了这种精神，我们就提前建成了大庆油田，解决了当时我们最缺的石油。铁人王进喜为我们树立了战胜困难的光辉榜样，铁人精神永放光芒，没有过时。

"有条件要有上，没有条件创造条件也要上"，这是我们当年"两弹一星"的精神，我们当年研制"两弹一星"是在物质条件极其匮乏、人才极其有限、技术一片空白的情况下进行的，是在根本不具备条件的情况下进行的，在毛主席的英明领导下，我们只用了不到十年的工夫，就实现了"两弹一星"的伟大梦想，直到今天，"两弹一星"仍然是伟大国家与民族的强大"护身符"，是抵御美国可能进攻的法宝。如果当时也等条件，那么我们就会错过"两弹一星"的最佳时机，那样，中华民族会永远处于被动挨打的局面，因此，中华民族与中国人民得世世代代感谢毛主席的英明伟大，让我们永远有安全的保障。

等条件，是一种消极的态度。等条件具备，表面上看很正确，但却否认了人的主观能动作用，否认了条件的可变性。有些条件，永远等不来的，特别是与主观努力有关的条件，是可以创造的，也必须去创造。当然，有些客观条件，比如外部环境等，主观意志无法控制，可以充分评估其影响以及采取必要的措施，观望，也是一策略。

创造条件，是一种积极的态度。机会，在创造中来临，条件，在创造中成熟。努力创造，变不可能为可能，努力创造，推动小机会变成大机会。很多难事，在不准备作为的人看来，是永远办不到的；很多难事，在志在必得的人看来，没有什么能阻挡住前进的步伐，一切困难都可以克服，办法总比问题多。

条件的成熟，是一个过程，在这个过程中，在我们的努力下，目标越来越清楚，条件也越来越成熟。推动这个过程是我们的责任，培育条件的成熟是我们的目标，而我们的主观能动性可以让我们在有限的舞台上导演出更多生动威武的活剧，上演超越过去、超越前人的精彩故事。

等条件，创条件，虽然只有一字之差，但是两种不同的态度，带来两种不同结果，是两个不同的天地。积极创造条件的人，在行动中使条件越来越具备，最终插上腾飞的翅膀，实现梦想，使一切不可能都成为可能。而总是强调客观，总是在等条件的人，终将一事无成。

2022 年 4 月 9 日

超越的机会

我们在行进中，有很多超越对手的机会。

弯道，是个超越的机会。弯道转弯，面临变速与变道，是个超越的机会，如果准备得当，策略正确，有可能实现弯道超越。在我们的实践中，只要善于观察，就会发现处处都有弯道，处处都是机会，只要充分准备，就一定能发现弯道，抓住机会，实现超越。

加速，是个超越的机会。加速，就是提高速度，提高速度的增量。当与对手差距不大、而且加速度足够快时，有可能通过加速实现超越。实现加速度，必须要有新动能的持续注入，而新动能的持续获得要从内外多个渠道进行，创新思维会开启新动能的渠道，会从内外获得源源不断的新动能，从而支持发展，实现超越。

变化，是个超越的机会。通过改变策略，调整战略，增加力量配置，大胆起用新人，果断改革，加快转型，锐意革新，为队伍注入新的活力，增强战斗力，提升竞争优势，从而实现超越。有时候，因多方面原因，对手突然出现问题，竞争态势迅速发生变化，朝着有利于我们一方转化，这给我们带来重大机会，要果断抓住这个机会，快速布署力量，实现超越。

环境变化，是个超越的机会。当因环境的变化，导致经济放缓时，只要处理得当，都是超越的机会。经济放缓时，要提前进行一系列战略布局，实现多元化，实现多个主航道，那么发展就会比对手更快。因为相比而言，由于你已提前转型，你受到的冲击更少，而获取的机会更多，对手由于较窄的单一领域而处于被动局面。那时由于实行了地区战略与多元化的布局，获取发展的机会同样不会少。因此，每一次经济放缓时，对已实现多航道运行的企业而言，都是拉大与对手差距的极好机会，这已被实践反复证明。

2022 年 4 月 10 日

最困难的时候，往往也是最接近胜利的时候

最困难的时候，往往也是最接近胜利的时候。这个时候，是最考验人的时候，能否顶得住，能否迈过这个坎，能否取得最后的胜利，就看能否战胜最困难的时刻。这个时候，必须坚韧不拔；这个时候，必须意志坚定，必须坚决不放弃，否则，就会前功尽弃，一切努力付之东流。

最困难的时候，往往也是最接近胜利的时候。这个时候，困难达到了极限，一旦挺过这个时刻，就是一马平川，就会迎来胜利的曙光。

最困难的时候，不能有任何的犹豫。一丝一毫的犹豫，稍稍的迟疑，就会让形势变得更加复杂，让战胜困难变得更加艰难，让胜利更加不易，让信心受到动摇，就会错失战胜困难的最好机会。

战胜困难，如同科技攻关，正如马克思所说："在科学的入口处，正像在地狱的入口处一样，必须提出这样的要求：这里必须根绝一切犹豫；这里任何怯懦都无济于事。"

不能犹豫，不能动摇，不能徘徊，不能在黎明前倒下，不能在光明前放弃。坚持，坚持就是胜利；坚持，就是光明；坚持，就能达到理想的彼岸。

2022 年 4 月 10 日

别打绣花拳

工作，不是艺术表演，要有实实在在的功夫，不能只打绣花拳。

绣花拳，是一种软功夫，不是一种硬实力。我们在实践中要破冰，要解决大问题，需要付出巨大努力，要打出真拳，要打出铁拳、硬拳，而决非绣花拳能解决问题。

绣花拳，是一种表演艺术，是打给别人看的，不能解决实际问题，不能用到工作中，不能用到发展中。在工作中打绣花拳，会误大事，出大乱。

我们的干部，在工作中决不能打绣花拳，要出实拳，要打硬拳。

出实拳，打硬拳，拳拳中目标。出实拳，工作扎实，措施落实，出手有力，目标明确，拳拳中目标，拳拳有实效。打一拳，是一拳，打一拳，向胜利迈进一步，一步一步到达终点。

出实拳，打硬拳，拳拳打痛处。打击目标，战胜对手，要打到痛处，才能制胜，才能克敌制胜，才能大快人心。要打到痛处，必须要出实拳，必须要打硬拳。竞争，是实力的较量，竞争，是实力的比拼，打太极拳是不行的，打绣花拳也不行，必须要出实拳，打硬拳。

出实拳，打硬拳，打出一片新天地。一脚踢得天地宽，一拳打出新天地。新天地的开辟，要靠真功夫，要靠实功夫，要打出实拳，要打出硬拳，用实力排除障碍，用智慧化解矛盾，打出一片新天地。

2022 年 4 月 13 日

战天与斗地

今天中午，一个历史性的时刻来到，神舟十三号载人飞船在2021年10月16日飞天后，在太空"出差"半年，返回舱在东风着陆场成功着陆，航天员翟志刚、王亚平、叶光富安全顺利出舱，身体状态良好。神舟十三号在多个方面创造历史，精准的控制技术，在苍穹中如此自如，在浩瀚宇宙中任我飞翔，标志着我国航天水平达到一个新的高度，喜讯传来，给全国人民极大鼓舞，给全世界一个惊喜。

然而，人能战天，更要能斗地。新冠肺炎病毒肆虐人类已经进入第三个年头，全球累计感染人数突破5亿，死亡人数超过620万。中国的情况也不乐观，奥密克戎毒株正在以极快的速度传播。

人能战天，也要能斗地。由于人类的任性发展，超出地球的承受极限，。气温的不断上升，使地球变暖的成为不可逆转的趋势，致使冰雪消融，海平面上升，灾害频发，濒危生物越来越多，人类的生存空间越来越小，如果不是全世界众志成城应对气候转暖，人类就是地球上的匆匆过客，将被淘汰出局。毕竟地球与太阳已有45亿年历史，而人类的历史最长也不会超过1万年，只有适者，才能生存，否则一定是匆匆过客。

人能战天，并不能轻松斗地。对待新冠肺炎病毒，人们不同的看法，撕裂着原本和谐的人群，无法达成一致意见。美国在世界各地建立各种用于特殊卑鄙用途的各类生物试验室，其行为就是一切大流行病毒的真正根源，如此分裂的人群，如此分散的力量，自然无法彻底战胜自然界的灾难与病毒的各种挑战。

人能战天，更要能斗地，关键是要团结一致，形成合力，一致抗击灾难与病毒，如果能够真正团结起来，任何困难与灾难不能阻挡人类前进的步伐。

2022 年 4 月 12 日

谈歌曲的创作

音乐歌曲的创作，是合作的成果，是团队的结晶。

一般而言，作词是龙头，作曲是灵魂，往往先有词再有曲，制作与演唱是包装与传播，评论家代表的是听众与市场的反映，音乐平台则是资源的汇集。在一首歌曲的创作与发布过程中，这些环节构成了一个完整的链条，一个也不能少。

歌词的创作，立意要高，格局要大，语言要美，词句要经典，要贴近生活，要用诗一般的语言，通俗简洁，便于流传，要接地气，不要自命清高，硬造那些别人无法搞懂的词句；歌曲的创作，要充分理解词作的意境、心境与背景，充分理解词作的格局与高度，用符合词作意境的优美动听的旋律，创造性地发挥与进一步张扬词作的意图，用多变的旋律，谱写出不同风格的优美歌曲；用不朽的音符，创造出一首首被人们深爱的经典歌曲。

诗，是文的浓缩；词，是诗的提炼；曲，是歌的灵魂，一首好歌曲是词与音符的完美组合，而在这背后是词作家与曲作家亲密无间的合作，是歌唱家的倾心演唱，是制作团队、平台与评论家的合力贡献。

生活，是创作的唯一源泉。美丽的祖国，江山如画的风景，现代化的建设成果，火热的生活，给了我们丰富的创作源泉；生命，是创作的蓬勃活力。热爱生活，拥抱生活，赞美生活，珍惜生活，珍惜生命，顽强地生活，让生命充满爱的阳光，这是创作的激情；情感，是创作的驱动。以情动人，以情感人，只有感动自己，才能感动别人，动人的乐章是情感的澎湃，是激情的荡漾，是心底的流淌，是歌曲的魅力；坚持，才能成功。任何成功，都是坚持的结果，任何胜利，都是坚持的胜利，创作不会一帆风顺，怀疑，不全来自外部，也有自己，而自信与坚持的力量，将使你走得更远；努力与汗水，是成功的全部。勤奋，是一切的基础，"天才是1%的灵感加上99%的汗水"，在努力中，成就美好梦想；在创作的寂寞中，不断开辟新的天地；在辛勤的汗水中，铸就新的辉煌。

2022年4月17日

谨以此短文，祝贺我与彭涛老师的新碟《西域情歌》正式发布

亡羊补牢，犹未为晚

不能再犹豫，再犹豫会使问题更加突出、更加严重，雪上加霜。

不能再犹豫，再犹豫会错失解决问题的最好时机，一旦错过这个时机，将会带来更大的麻烦，带来更大的危机。

不能让危机加深，该下的决心一定要下。危机既已产生，影响就会扩大，必须要采取有力的措施，转危为安，转险为夷。

不能让漏洞加大，该下的决心一定要下。漏洞既已产生，如不及时补漏，就会越来越大，必须要加快补漏，坚决堵住漏洞。

今天的犹豫，是明天更大的危机；今天的犹豫，是未来更大的过失，亡羊补牢，犹未为晚，一切都还来得及。要加快决断，切断任何犹豫，下决心调整，下决心改变，再也别让假象迷惑住。

亡羊补牢，犹未为晚。用人的失策，管控的不严，问责的不够，处理的不当，调整的不及时，是问题产生的根源。果断调整，重新开始，仍然充满新的希望。

亡羊补牢，犹未为晚。别对那些不可靠的人与不可靠的事，别抱有希望，要高度警惕，丢掉幻想，准备斗争，立足于自己，立足于可靠的人，立足于可靠的事，这是我们决策的出发点，也是事物回归的终点。

2022 年 4 月 18 日

见缝插针

见缝插针，比喻抓紧时机，尽量利用一切可以利用的时间与空间。

我们在现实生活中，常常为没有整段的时间而烦恼，常常因为没有足够多的时间而放弃一些很好的计划。

实际上，虽然我们都很繁忙，但在时间管理上还是有很大的潜力，我们还有很多零星时间没有充分利用起来，比如起床后、上班前、下班后、睡觉前、用餐前后、等人的前后、候机候车中、旅途中、休闲时，以及一切可以利用的零星时间，都有利用的空间，都是值得利用起来的。虽然这些时间都是些边角料，但这些边角料正是黄金时段，如果把这些黄金时段用好，就可以积少成多、积溪成河，长期坚持，持之以恒，一定会大有作用的。

实际上，在岗的人，都忙于工作，都有明确的本职工作，都有繁重的任务，要在上班时间抽出整段的时间去思考与创造，这是难于做到的。因此，对于边角时间的有效利用，是能否取得事业成功的一道分水岭。

整块的时间既无可能，那只有充分利用零星时间才能实现目标与计划，才能实现梦想。有时候，长时间专注一件事，思维过于集中，思想过于紧绷，未必就有好效果。这个时候，零星时间则发挥着另一种独特的作用，在零星时间里，思想充分放松，会出现创新灵感，这时的某一想、某一思、某一念、某一闪，或许都能开启思维的新通道，都能向着自己的目标迈进一步，哪怕这一步不够大，哪怕这一步还走得不够远，但总是在动，总是在前进，总是在向着目标迈进。

零星时间是宝贵的边角余料。如果把这些边角余料用得好，组合得完美，就能够成大事，做大业，出硕果。

变无为有，由碎变整，积小为大，由少成多，日积月累，零星时间的作用就会汇成一股滚滚的洪流，成为前行的动力，成为滔天的大浪，成为获得成功的原因。

零星时间是宝贵生命的一部分。一个人的生命只有一次，而生命的很多时间都是零星时间，我们只有见缝插针，把这些零星时间充分利用起来，才没有浪费生命，才是真正珍爱生命，才能让生命放射出夺目的光辉。

2022 年 4 月 22 日

后记

在实践中发展管理理论
——《管理随笔》5、6、7、8 出版后记

我的《管理随笔》5—8 册，将由新华出版社出版，在全国发行，而《管理随笔》1—4 册则已由光明日报出版社出版，出版社虽有变化，但《管理随笔》的风格并没有改变，还是反映了在管理中的随想、随得、随为，与《管理随笔》1—4 册相比，这次《管理随笔》5—8 册有以下一些特点：

一是记录了高位成长的实践，对新的增长理论进行了探索。这四卷本的《管理随笔》反映的是 2021 年 1 月 10 日到 2022 年 4 月 22 日期间的管理思想与管理实践，这段时间正是十一科技面临高位增长的关键时期，通过 2021 年的努力，我们实现了营收从 2020 年的 136 亿到 2021 年 200 亿的飞跃，高位成长面临新战略、新思想、新理论、新构架、新格局、新变化、新动能、新市场、新赛道、新方法等一系列新挑战，对这些问题的持续思考就成为发展新的引擎，这些管理随笔引领、助推与见证了新发展奇迹的产生，成为这段成长路程的珍贵记录，同时也是对新增长理论的重要探索，这些探索的意义，已经越过了行业的界限。

二是反映了在疫情困扰下对动荡世界的担忧。新冠肺炎病毒的肆虐已经进入了第三个年头，直到现在奥密克戎变异毒株传播力更强，国际上被感染人群越来越多，因此而死亡的人也在增加，国内也无法独善其身，此起彼伏，对人们正常的生活与生产影响极大。气候变暖，极端天气频出，自然灾害不断，人类的生存环境越来越恶劣。俄乌战争将世界推向第三次世界大战的边缘。我们所处的是一个动荡不安的世界，管理随笔中的不少文章与文摘，表达了对动荡与不安的世界的担忧。

三是继续将诗歌融入了管理随笔。这个期间仍然是我进行诗歌创作的活跃期，而且又是建党100周年的重大日子，不少管理随笔的文章反映了我们庆祝建党100周年的热烈场面，反映了我与彭涛老师携手合作在歌曲创作方面的一些新成就，文章记录下了这些快乐的过程与历史性的时刻。

四是对"卡脖子"的高科技进行了关注。在这些管理随笔中，部分文章与文摘涉及"卡脖子"工程，作为一个长期在这个领域里奋斗的一员，时刻关注在这些领域里的进展，关注世界最新动态，希望能够通过各方努力，缩小我们在这方面的差距，使自己的祖国更加强大。

五是对冬奥会、影视作品与人物进行了点评。这个期间正是冬奥会如火如荼进行的非常时期，冬奥会的成功举办，使全国人民受到巨大鼓舞，3亿人的冰雪运动从此找到方向，我们祝贺冬奥健儿取得的成绩。一些管理随笔文章，表达了对冬奥会的祝贺，特别是由于与阜平的特别缘份，认识了邓小岚老师，从而更加加深了对冬奥会马兰花艺术团成功的关注。还有一些文章，因一些电影观后感，有感而发。

杜甫说："文章千古事，得失寸心知。"在长期处在疫情压抑的背景下，要持续高位发展，每一步都面临严峻考验；在非常复杂的困难环境中坚持写作，对意志是个考量，不是一件容易的事，每一篇文章都是意志与心血的结晶。在高位发展，一半是海水，一半是火焰，海水随时会淹没你，火焰随时会吞并你，你来不得一丝的马虎，你必须要勇敢面对。高位发展就如同走钢丝一般，处在发展的风口浪尖上，充满挑战。

正因为充满挑战，生活才更加丰富，思想才更有激情，就更应该用笔记下这些难忘的心里路程，记下这些跳动着的思想火花，记下这些管理的心路，记下这些独特的创新，以作为经验与财富献给时代与未来。

衷心感谢尊敬的曾勇校长再一次为《管理随笔》写序，他的序是本书重要的入门向导，是本书最重要的组成部分，为本书的阅读指明了方向。

感谢新华出版社对本书出版的大力支持，感谢宓月主编、胡宏峻董事长对本书的精心总策划，感谢太太小平对本书创作的大力支持，感谢曾真、何璐对书稿的保存、编辑与策划。

赵振元

2022.7.27